AI와 1인 미디어

AI문고

인공지능 시대입니다. 기계가 인간의 인지를 대신하고, 사물이 인간을 통하지 않고 다른 사물과 직접 커뮤니케이션합니다. 이에 따른 인간 삶과 문명 변화를 정확히 이해·예측·대응하는 것은 이 시대 우리 모두의 과제입니다. AI문고는 인공지능 기술과 환경의 여러 주제를 10가지 키워드로 정리합니다. 관련 개념과 이론, 학계와 산업계의 쟁점, 우리 일상의 변화를 다룹니다. 인간과 기술의 현재, 미래를 세심히 분석합니다.

일러두기

- 인명, 작품명, 저서명, 개념어 등은 한글과 함께 괄호 안에 해당 국가의 원어를 병기했습니다.
- 외래어 표기는 현행 어문규정의 외래어표기법을 따랐습니다.

처음이세요?

전문가세요?

AI와 1인 미디어

변용수

대한민국, 서울, 커뮤니케이션북스, 2025

AI와 1인 미디어

지은이 변용수
펴낸이 박영률

초판 1쇄 펴낸날 2025년 4월 13일

커뮤니케이션북스(주)
출판 등록 2007년 8월 17일 제313-2007-000166호
02880 서울시 성북구 성북로 5-11
전화(02) 7474 001, 팩스(02) 736 5047
commbooks@commbooks.com
www.commbooks.com

ISBN 979-11-430-0009-5 03500

책값은 뒤표지에 표시되어 있습니다.

차례

AI와 시대의 변화

현대사회를 살고 있는 우리는 인공지능이 내 주변에서 무엇을 하고 있으며, 언제 어디에서 내 삶에 어떤 영향을 끼치고 있는지 인지하지 못한 채 생활하고 있다. 매 순간 숨쉬기를 반복하지만 너무나 자연스러워서 공기의 존재를 모르고 사는 것처럼, AI(인공지능: Artificial Intelligence)는 집, 직장, 학교 등에서 우리 삶 깊숙이 녹아들어 관여하고 있다.

AI로 인한 우리 일상의 변화는 챗봇과 상담을 하고, 내비게이션 도움을 받으며 자동차를 운전하고, 해외여행에서 번역기를 사용하고 있다. 쇼핑몰을 로그인하면 개인 맞춤형 제품들을 제안받으며 구매하고 있다. 공장에서는 자동화되고 특화된 로봇들이 24시간 쉬지 않고 물건을 분류하고 이동시키는 작업을 하고 있다. 다른 한편에서는 개인의 기호와 취향 등이 그대로 알고리즘을 통해 노출되어 소비자를 특정한 방향으로 유도하기도 한다. 쇼핑몰 사이트에서 검색한 제품은 다음날 쇼핑몰에서 그와 연관된 상품들을 추천한다. AI는 우리에게 편리함을 제공하는 동시에 불쾌감과 심지어 무서움까지 안겨주고 있다.

가정에서는 자동차, TV, 전화, 요리법(recipe), 집필 등 AI를 여러 분야에 사용하고 있다. 회사에서는 기본적인 보고서 작성뿐 아니라 이를 파워포인트로 재작성할 경우, 편리함을 느낀다. 또한, 마케팅 제안서 작성을 디자인이나 이미지 형식이 아닌 동영상으로 제작해서 제안하는 경우 제작 속도와 비용 면에서 AI 사용이 훨씬 효율적이다.

AI 도구 없이 제작할 때는 시간과 인력, 비용 등에서 시도하기 어려웠던 부분이 빠르고 간단하게 해결되고 있기 때문이다.

이제 우리는 집, 직장, 학교에서 너무 자연스럽게 AI를 접하고 사용하고 있다. 가히 'AI의 민주화 시대'라고 할 만하다. 그러나 한편으로는 고객 서비스 지원과 마케팅 지원, 생산성 향상, 업무의 효율성에 대한 긍정적인 생각보다는 우리의 일자리에 미칠 영향에 걱정이 앞서는 것이 현실이다.

일반적으로 인공지능 로봇이라고 하면 영화 〈A.I.〉(스티븐 스필버그, 2001)에 나오는 로봇 데이비드를 떠올리며 인간의 모습과 행동을 하는 휴머노이드 로봇을 상상한다. 모건 스탠리(Morgan Stanley)는 휴머노이드 로봇은 2030년을 시점으로 가정용으로 보급될 것으로 예상하면서 창고 정리, 요리, 빨래, 세탁 등 많은 부분에서 인류의 삶을 바꿀 것이라고 전망했다(강경주, 2024).

현재의 AI는 휴머노이드 로봇이 등장한 영화와는 다른 형태를 하고 있지만 인터넷 검색, 내비게이션, 스마트 스피커, 챗봇 등을 통해 현대인의 삶의 질을 높이고 편리함을 제공하고 있다. 이러한 환경에서는 인공지능을 두려워하고 회피하기보다는 인공지능의 속성을 파악하고 적극적으로 활용하는 방법을 터득할 필요가 있다.

빌 게이츠가 『미래로 가는 길(The Road Ahead)』(Bill Gates, 1996)에서 주장한 손가락 하나로 모든 정보를 탐색하던 시대는 사라져 가고 있다. 문자시대 이전처럼 구전(口傳, Oral Tradition) 시대의 소중한 유산인 말로 모든 정보를 취득하는 시대가 도래했다. 체계적인 문자의 어려움을 넘어선, 개인적이고 구체적인 발화만으로 정보 검색과 취득이 가능하게 되었다.

"누군가의 상상은 반드시 다른 누군가에 의해 실현된다"라고 한 쥘 베른(Jules Verne)의 말처럼 우리의 상상은 이제 현실이 되어 가고 있다. 산업화 시대에서 정보통신 시대로 전환되면서 대량생산되는 제품의 양과 품질

보다 정보의 전달과 활용의 중요성이 커졌다. 사회 발전에 따른 시대별 성공의 열쇠가 달라졌다면, AI 시대에는 인공지능의 속성을 빨리 인식하고 일상생활에 활용하는 것이 중요하다. 콘텐츠 전송 수단이 방송사의 캐스팅(Casting) 시대에서 웹과 모바일의 스트리밍 시대로, 이제 인공지능에게 그 주도권이 넘어가고 있다(고명석, 2020).

"AI를 내 편으로 만들어야 하는 시대가 왔다." 이 표현에는 질문을 잘해야 한다는 의미가 내포되어 있다. AI에게 1차원적인 질문을 한다면 답변도 1차원적일 수밖에 없기 때문이다.

미디어 속 AI

4차 산업혁명의 핵심 기술은 인공지능이고, 그중에서도 딥 러닝이다. 완벽한 인공지능은 스스로 구축하고 놀라운 속도로 재구성될 것이다(Stephen William Hawking). 미디어 산업 분야에 새로운 기술이 나타남으로써 기술 간의 이동이 쉬워지고 미디어와 뉴미디어 사이의 장벽이 허물어져 갔다. 1인 미디어 분야는 과거 상상도 하지 못했던 저비용으로 최신기술의 도입이 가능해지면서 미디어 산업의 혁신을 가속시키고 있다.

지금까지는 궁금한 점들을 포털 사이트에서 검색하여 해답을 찾았다면, AI 세상에서는 음성인식을 통해 "1인 미디어 먹방 검색해 줘"라고 말하면 된다. AI 활용도의 범위는 이제 상상을 초월할 정도이다. 학생과 직장인들이 많이 사용하는 AI 분야는 간단하게는 글쓰기, 영상 제작, 더빙, 아바타 만들기, 회사 보고서용 PPT, 음악 제작, 로고 제작, 업무 자동화, 댓글, 디엠 등 이루 헤아릴 수 없을 정도이고, 분야별 AI들이 전문가 수준의 결과물을 도출해 주고 있다. 그렇다고 AI가 한 가지 결과물을 보여주는 것만이 아니다. 이미지를 재창조하고, 부족한 점에 대한 보완을 통해 다른 차원의 결과물을 현실로 보여준다.

학습하는 AI가 할 수 있는 일은 무척 많다. 일상생활에서 챗봇, 스마트 스피커로 AI와 인간이 친구처럼 소통한다. 그리고 음성, 문자, 이미지를 인식하고 데이터를 학습해서 수준 높은 데이터를 제공한다. 또한 개인의 기호, 과거의 통계 정보를 이용해서 콘텐츠 소비자의 행동을 예측 마케팅에 활용하고 있다. 넷플릭스의 경우 전체 회원 수 2억 7천만 명(2024년 7월 기준) 중에서 2천 5백만 명 이상 시청자의 이용 행태를 분석해서 콘텐츠의 기호를 파악하고 데이터 마이닝을 통해 시청자 성향을 수집한다. 이렇게 수집한 방대한 데이터를 바탕으로 신규 프로그램의 연출가와 배우를 섭외하고 있다.

포털 사이트, 유튜브는 내가 무엇을 좋아하고 싫어하는지 나보다 더 잘 알고 있다. 이제 우리는 미디어의 기술적 무의식에 의거하여 커뮤니케이션 문명 속에서 의식 생활을 하고 있듯(이시다, 2020), AI에게 연애하는 마음으로 다가가야 한다. AI를 두려워하지 말라. AI를 탐색하고, 일상에 활용하는 방법을 배우고, AI와 더욱 친밀하게 지내야 하는 'AI와 인간의 공존 시대'가 바로 지금이다.

이제 AI가 반도체처럼 미디어 콘텐츠 산업의 중요 도구로 자리 잡고 있음은 명백하다. AI의 등장으로 미디어의 경계는 사라졌고, 시청자 중심의 미디어 통합 시대가 온 것이다.

일상 속의 AI

증기기관, 자동차, 전기, 컴퓨터 그리고 최근에 등장한 스마트폰은 우리 사회에 커다란 획을 그으며 인간의 일상생활을 변화시켰다. 인간의 생활이 몸에서 머리로 쓰임새가 바뀌었듯이 산업혁명에서 지능혁명으로 현대 산업의 축은 이동했다. 과학의 발전에 따른 기술 변화는 우리의 가치관과 삶의 방식에도 커다란 변화를 가져오고 있다. 이러한 배경 속에서 우리의 환경을 전기와 컴퓨터만큼 송두리째 뒤엎을 커다란 존재는 인공지능이다(김상균, 2024).

인공지능은 여러 면에서 인간과 함께 어울려 살아가고 있다. 식당에서는 AI 로봇이 음식을 배달하고, 의료 분야에서는 정밀함을 요구하는 수술을 사람 대신 집도하기도 한다. 또한, 인간이 컴퓨터를 통해 설정해 놓은 특정 업무를 알맞은 시기에 사람 대신 수행한다. 주식매매의 경우 매수, 매도 시점을 정해 놓으면 AI가 자동 거래로 매매를 완료한다. 인간의 심리적 저항으로 손실이 증가할 위험을 AI가 방지하는 것이다.

AI가 일상생활에 미치는 많은 영향 중에서 몇 가지 사례를 보자. 인간의 신체적 능력을 향상시키고 근력을 보조해주는 웨어러블 슈트, 건물마다 설치되어 있는 방화 센서, 생체인식을 통한 출입 제한 센서, 여러 언어를 번역해주는 AI 번역기 등은 우리의 생활을 편리하고 풍성하게 해주고 있다. 최근 미국 언론에서 화제가 되었던, AI 자율주행 자동차는 인식 · 판단 · 실행이라는 프로세스로 구분되어 이미지 인식과 무수한 센서로 상황을 인식하며, 유사한 프로세스가 반복되는 형태로 학습하면서 안정성이 향상되고 있다. 즉, 시각 영상, 레이더, GPS로 주변 환경을 인식하고 통계 데이터의 수집과 분류로 데이터 분석을 한다. 이를 통해 AI는 인간보다 많은 대량의 정보를 학습해서 차량 속도, 위치 정보, 도로 상황 등을 인식하며 주행한다(한국교육방송, 2020). 물론 이러한 장점들 외에 문제점도 많다. AI를 이용한 가짜뉴스, 개인정보 유출, 사생활 침해, 자율주행 자동차의 안전 문제, 무기 사용 오류 위험성 등이 해결해야 할 과제들이다.

인공지능 기술을 이용해 만든 가짜 영상인 딥페이크(Deepfake)는 영상을 보는 사람들이 실제 영상으로 인식할 정도로 완성도가 높아졌다. 이제는 딥 러닝 기술의 발달로 일반인과 학생들조차 쉽게 인공지능 프로그램을 사용해 이를 제작하는 시대가 되었다.

딥페이크가 처음 등장했을 때는 사람의 이미지나 영상이 영화의 CG 같은 합성 영상이었고, 누가 봐도 조잡한 수준이었다. 이후 생성형 AI 기술의 발달로 뉴스 · 출판물 제작 등으로 확산되었다. 가짜 목소리, 가짜 영상인 딥페이크는 얼굴 재현, 얼굴 변환, 얼굴 교체 등의 방법으로 만들어진다. 과거에는 많은 시간과 비용이 요구되었지만 이젠 딥 러닝 기술의 발전으로 일반인들도 AI

프로그램을 이용해 딥페이크 영상을 만들 수 있다. 이러다 보니 연예인이나 정치인 등 많이 알려진 유명인을 대상으로 딥페이크 영상을 제작해 사회적으로 큰 물의를 일으키고 있다. 이처럼 우리 사회에 많은 영향을 끼치고 있는 딥페이크 사용 문제점들을 해결하기 위해 멀티모달 생체 인증(Multimodal Biometric Authentication)과 다중 요소 인증(Multi-Factor Authentication)의 활용을 고려하고 있다. 멀티모달 생체 인증은 사용자의 신원을 확인하기 위하여 두 가지 이상의 생체 정보를 활용하는 방식(지문+얼굴, 지문+걸음걸이, 얼굴+음성) 등으로 보안성, 정확도, 편의성의 향상이 가능하다(유주현, 2024).

AI 기술은 디지털 미디어에서 뉴스 기사, 음악, 영상 등 다양한 형태의 콘텐츠를 자동으로 생성한다. 이 말은 전문가, 일반인, 학생까지도 디지털 콘텐츠를 제작하고 변형하면서 재매개 할 수 있다는 의미이다. 이러한 변화는 정보 생산의 민주화를 촉진할 수 있지만, 동시에 특정 기업이나 기관이 정보를 독점하거나 왜곡할 위험도 있다.

AI 알고리즘이 개인의 취향에 맞춰 콘텐츠를 추천하면서 사용자들이 자신과 유사한 견해를 가진 사람들과

만 접촉하는 현상이 정치 분야에 나타나고 있다. AI는 인간 사회의 법률, 도덕, 윤리 등의 보편적 가치를 통계 데이터를 기반으로 판단한다. 윤리 문제를 포함한 가치 판단도 개발자의 알고리즘에 의해 결정된다. 말하자면, AI가 인간의 가치관에 영향을 미치는 단계에까지 도달했다고 할 수 있다. 문제는 AI 개발자의 생각과 가치관이 그 AI를 사용할 사회 전체로 파급되고 복제된다는 점이다. 여론 형성에 지대한 영향을 미칠 수 있는 알고리즘 권력은 사회적 불평등을 심화시킬 수 있으며, 권력자들이 대중을 통제하거나 조작하는 도구로 사용될 수 있다.

통계적으로 판단하는 AI의 판단은 인간의 판단과 다를 수 있고, AI는 스스로 발생시킨 문제에 대해 책임질 수 없다는 점이다. 데이터의 윤리적 문제는 주로 처리 과정에서 투명성, 프라이버시 보호 등 기술적 처리와 절차 준수에 관한 규정적 수준에 머물러 있다. AI가 학습하는 데이터는 단순히 양과 기술의 문제가 아니라 학습용 데이터의 활용 전 과정에 걸친 윤리적 검토를 거쳐야 한다(송선영 외, 2023). 현재 AI 윤리 가이드라인의 주요 논점은 '공평 · 공정할 것', '사회에 이익이 될 것', '인간을 존중할 것' 등이다.

AI 에이전트는 특정 작업이나 목표를 수행하기 위해

자율적으로 작동하는 AI 시스템이다. 쉽게 표현하면, 나 대신 나의 상황과 환경을 이해하고 일을 수행해주는 똑똑한 AI 비서라고 할 수 있다(김덕진, 2025). AI 에이전트는 환경과 상호작용하고 수집한 데이터로 결정된 목표 달성을 위해 필요한 작업을 스스로 결정하고 수행하는 AI로, 반복적인 업무, 인간이 수행해야 할 고차원적인 의사결정 과정도 대체할 수 있다. 이런 기능을 갖춘 AI 에이전트의 실물화 버전이 휴머노이드 로봇이다. 인간과 비슷한 외형과 기능을 갖춘 휴머노이드 로봇은 테슬라의 옵티머스(Optimus) 로봇이 대표적이다(더밀크, 2024). AI 에이전트는 특징에 따라 세 가지로 구분된다. 첫째, 멀티모달 에이전트(Multimodal Agent)는 시각, 음성, 텍스트 등의 다양한 데이터를 동시에 처리하며 이해한 것을 영상, 음성, 텍스트로 설명한다. 둘째, 자율 에이전트(Autonomous Agent)는 가상공간에서 인간처럼 필요한 작업을 스스로 결정해서 수행하는 시스템이다. 셋째, 멀티 에이전트(Multi Agent)는 상호작용하는 여러 개의 지능형 에이전트로 구성되어 사람처럼 복잡한 대화나 감정을 분석할 수 있다. 또한, 통합된 지식을 기반으로 상호작용해서 해결하는 시스템이다(박영선 외, 2024).

1980년대부터 인공지능으로 불렸던 머신 러닝(Machine learning) 시대에는 인공지능은 선택이었다. AI 스피커는 내 말을 잘 이해하지도 못하고, 반복해서 지시해야 하는 그저 신기한 존재, 딱 그 정도였다. 그러나 본격적인 딥 러닝 시대가 오면서 냉장고, 세탁기, 청소기 등 대부분의 가전제품에 AI가 탑재되어, 알아서 작동하고 있다. 실제 가정이나 일상생활에서 사용하는 인공지능 비서의 사례를 보면 애플의 시리(Siri), 구글의 어시스턴트(assistant), 삼성의 빅스비(Bixby), 아마존의 알렉사(Alexa) 등이 있으며, 국내에는 KT의 기가지니(GiGA Genie), SKT의 누구(NUGU), 네이버의 클로바(Clova)가 있다.

AI와 인간의 협동 작업에는 인간이 AI를 지원하는 경우와 AI가 인간을 지원하는 경우로 나뉜다. 기술의 발전과 함께 인간만의 작업이었던 창조적 작업도 AI와의 협동 작업으로 진행되고 있으며, 데이터 분석 분야에서는 예측 · 식별 작업까지 AI에게 맡겨지고 있다.

AI를 잘 활용하는 방법은 무엇일까? 우선은 AI가 무엇인지 제대로 이해해야 한다. 그리고 나의 본업과 관련된, 내가 하고자 하는 일을 정확히 파악해야 AI에게 명확하게 질문할 수 있다. AI와 경쟁하려 하지 마라. AI를 우리가 더 잘할 수 있도록 도움을 주고 보완해 주는 존재로 만드는 것은 우리 자신이다.

얼마 전까지 우리는 기억을 담아두고, 언제든 기억을 소환할 수 있는 도구로 usb 메모리, 서버, 스토리지를 사용했다. AI를 통해 인간의 능력이 확장되고 있는 지금은, 24시간 사람의 목소리를 듣고, 스마트폰을 통해 목소리를 수집해서 데이터화 작업을 하는 AI가 그 역할을 담당하고 있다.

우리는 전기의 중요함을 모르고 있다가 정전이 되는 순간 전기의 존재에 고마움을 느끼듯, 딥 러닝 기술이나 AI도 우리가 이를 사용하지 않을 때 오는 불편함을 느끼는 순간, AI가 우리 생활에 얼마나 깊이 관여되어 있는지 알 수 있다. "인공지능력이 국력이다"라고 주장한 배리 램(Barry Lam: 콴타컴퓨터 회장)의 말처럼 이제 국가마다 'AI 독립'을 외치고 있다. 더불어 AI 개발, AI 교육, AI 산업에 박차를 가하며 정부와 공공기관이 사용할 수 있는 AI 모델을 구축하는데 투자하고 있다. AI 강국이 선진국인 AI 시대가 온 것이다.

참고문헌

강경주(2024.11.20). 빨래 개고 커피 내리는 AI 살림꾼… 1가구

1휴머노이드 시대 온다. ≪한국경제≫,
https://www.hankyung.com/article/2024112042731
고명석(2020). 『OTT 플랫폼 대전쟁』. 새빛.
김덕진(2025). 『AI 2025』. 스마트북스.
김상균(2024). 『AI 인간지능의 시대』. 베가북스.
더밀크(2024). 『2025 글로벌 테크 트렌드』. ≪한국경제신문≫
한경BP.
박영선 외(2024). 『AI 신들의 전쟁』. 베가북스.
송선영 외(2023). 『인공지능(AI)의 학습용 데이터 윤리 가이드라인에 대한 연구』. 한국교육학술정보원.
유주현(2024). 『생성형 AI 시대, 생체인식 기술의 기회와 도전』. 한국지능정보사회진흥원.
한국교육방송 편집부(2024). 『수학과 함께하는 AI 기초』. ebs한국교육방송공사.
이시다 히데타카(2020). 『디지털 미디어의 이해』. 사회평론아카데미.

01
AI 개념

AI가 뭐냐고 묻는다면 어떻게 대답해야 할까? 학자들이 주장하는 인공지능의 개념은 기술 발전에 따라 계속 변화 중이다. 인공지능의 시작과 성장 과정 그리고 AI를 구분하는 여러 방법에 대해 살펴보면서, AI에 다가가 보고자 한다.

AI와 1인 창업?

AI의 시작

인공지능이라는 용어는 미국의 컴퓨터 과학자인 존 매카시(John McCathy)가 다트머스 회의(1956)에서 이를 "지능이 있는 기계를 만드는 과학과 공학"으로 정의하면서 시작되었다. 즉 인간이 수행하는 지적 작업 과정을 컴퓨터로 시뮬레이션한 것을 인공지능으로 부르기 시작한 것이다. 현대의 인공지능 기술은 지식과 인지 데이터 기반의 학습을 통해 새로운 상황을 인지하고 판단, 분석해서 문제를 해결하는 능력까지 포함한다(한규동, 2022). 대한민국 정부는 2019년 인공지능전략 발표를 통해 "인간의 지적 능력을 컴퓨터로 구현하는 과학기술로 상황을 인지하고 이성적 · 논리적으로 판단 · 행동하며, 감성적 · 창의적인 기능을 수행하는 능력까지 포함한다"라고 정의했다.

인공지능의 정의에 대해서는 여러 논의가 있다. 인공지능의 교과서라고 불리는 『인공지능: 현대적 접근(Artificial Intelligence: A Modern Approach)』에서는 인공지능을 4가지 범주로 분류했다: 인간적 사고, 합리적 사고, 인간적 행위, 합리적 행위.

인공지능 로봇이라고 하면 과거 만화영화에 등장한 여러 로봇 주인공들이 떠오른다. 사람의 형태를 갖춘 로봇, 사람처럼 말하고 행동하면서 마치 친구처럼 느껴졌던 로봇들이 이제 인공지능 로봇이 되어 커피를 만들고, 식당에서 주문한 음식을 가져다주며 우리와 함께 생활하고 있다.

AI의 기본 형식에서 컴퓨터는 과거의 유사한 행동 사례를 통해 얻은 광범위한 데이터를 사용하여 인간의 행동을 모방하도록 프로그래밍된다. 강아지와 고양이의 사진을 지속적으로 학습시키면서 차이를 인식하는 것에서부터 제조 시설에서 복잡한 활동을 수행하는 것에 이르기까지 다양하다(HPE, Hewlett Packard Enterprise). 결국 AI는 인간이 할 수 있는 여러 능력을 컴퓨터로 구현한 것이다.

AI 정의에 대한 학자들의 연구는 다음과 같이 정리할 수 있다. 호글런드(Haugeland)는 인지능력과 마인드를 가진 기계로 정의, 컴퓨터가 스스로 생각할 수 있도록 하는 연구를 시작했다. 또한 리치와 나이트(Rich and Knight)는 인간이 기계보다 더 잘하는 일들을 컴퓨터가 하도록 하는 방법을 연구했다. 닐슨(Nilsson)은 복잡한 환경에서 인공지능이 수행해야 할 지적 행동을 정리(인식, 추론, 학습, 소통, 행위)했다. 존 매카시는 학습 측면과 지능의 다양한 특징을 정확히 묘사하면 기계가 시뮬레이션할 수 있다고 가정했다(한국교육방송, 2024). 이처럼 인공지능의 발전에 따른 성공 사례가 축적되면서 인공지능의 정의 또한 기술 발전과 연구 성과에 따라 바뀌고 있다.

AI의 성장

AI에 대한 정의 다음으로 일반인이 혼란스러워하는 AI 기술 발전에 대한 개념은 크게 네 가지로 구분하여 설명할 수 있다. 첫째, 인공지능은 인간처럼 생각하고 행동하는 인간 중심적 접근 시스템이자 합리적으로 생각하고 행동하는 시스템이다. 둘째, 인공지능은 머신 러닝으로 대량의 데이터를 분석하고, 알고리즘을 통해 인간의 학습 방식을 모방하여 정확도를 증진하는 데 중점을 둔다. 셋째, 신경망(Neural Network)은 머신 러닝을 보다 구체화한 것으로 인간의 두뇌에서 영감을 얻은 방식이다. 끝으로, 딥 러닝의 심화(Deep)는 신경망의 레이어(Layer) 깊이를 나타내는 것으로, 판단 결과를 걸러내는 레이어가 입력과 출력을 포함해 3개 이상의 계층으로 구성된 신경망 방식이다.

인공지능을 구현한 초기의 세 가지 방법은 기호주의(Symbolic AI), 연결주의(Connectionism), 통계 기반 인공지능이다. AI의 발전은 논리 · 규칙을 기반으로 1950년에서 1980년대까지 진행되었다. 인간의 논리적인 사고방식을 알고리즘과의 조합으로 생각하는 기호주의적 사고방식이었다. 이후 연결주의는 인간의 두뇌 구조를 컴퓨터를 통해 구현하기 위해 인공 신경망(ANN)을 구현했다. 연결 기반의 인공 신경망은 1980년부터 1990년 사이에 진행되면서 성장했다. 신경망을 이용해 인간의 뇌 구조를 모방한 AI로 연결주의라고 한다. 그렇다고 기호주의적 접근법을 시대에 뒤처진 방법이라고 생각하면 안 된다. 기호주의는 사람처럼 생각하는 기계를 만들기 위해 기계에 논리와 기호를 교육한 것으로, 단순하고 명쾌하며, 원인 규명과 개량도 쉽고 간단하다(한규동, 2022). 지금의 AI는 위 접근법을 효과적으로 활용하면서 발전이 가속화되고 있다.

반도체 기술의 발전으로 컴퓨터의 성능이 획기적으로 향상되면서 인공지능 분야에 '신경망 이론'이 등장했다. 신경망 이론은 컴퓨터 스스로 사물을 인지하고 학습하는 과정을 수행하도록 시각과 청각을 모방한 인식 기술로서 사람의 뇌 속에서 신경망을 통해 이루어지는 생각과 지능의 과정을 수학적으로 모델링한 것이다. 쉽게 설명하면 인간의 논리적 사고를 기반으로 접근한 인공지능이 인간의 뇌 구조를 모방한 인공지능으로 발전하고 있다고 할 수 있다.

통계 기반의 머신 러닝은 1990년에서 2010년까지 진행되면서 빅데이터가 통계 기반 예측 알고리즘의 재료가 되어 머신 러닝을 돕는 데 사용되기 시작했다. 이때부터 인간의 마음과 생각을 기호화하여 데이터를 자동으로 분류하고 추론하는 분야가 대두되기 시작했다. 통계 기반 인공지능은 인공지능이 풀고자 하는 '문제 자체'를 통계적으로 어떻게 풀어낼 것인지에 더 많은 관심을 갖는다. 그러나 특성 설계의 능숙도에 따라 성능이 좌우되는 점과, 최적화 방식으로 문제를 해결함으로써 다른 분야에 적용하기 어려운 단점이 있다. 통계 기반의 머신 러닝의 비약적인 발전은 스마트폰 같은 최신 정보기기들의 대량 보급으로 유무선 인터넷 사용이 폭발적으로 증가했고, 방대한 정보 덩어리인 빅데이터를 인터넷을 통해 수집함으로써 대량의 데이터가 생성되었기 때문이다.

2010년대 이후 최근 가장 많이 접하는 것은 대세인 딥 러닝 기반의 인공지능이다. 이것은 컴퓨터가 스스로 특성을 학습, 설계하고, 학습한 데이터를 이용, 다른 문제를 해결하는 재활용도 가능하다.

딥 러닝 기반 인공지능은 반도체 기술의 발전으로 고성능 컴퓨터 사용에 의한 분산처리 기술이 발전하면서 신경망(DNN, Deep Neural Network) 기술을 통한 이미지, 소리의 인식 성능이 획기적으로 개선되어 학습 데이터의 범위가 확대되었다.

AI 특성

인간의 지능 행동을 모방하는 AI는 여러 기술을 이용, 인터넷에서 영상 복원, 딥페이크, 악플 탐지 AI 클린봇 등 여러 기능을 수행하고 있다. 초기 인공지능과 달리 이제는 저전력 소모, 고용량, 고연산 처리 속도 등 기술적 한계를 돌파하며 발전하고 있다. 이런 AI의 특성을 세 가지로 구분해서 살펴보자. 첫째는 학습성이다. 신경망 학습의 정확성이 향상되면서 보다 양질의 데이터가 필요하게 되었다. 둘째는 다양성이다. 학습 지능에는 지도 학습, 강화 학습이 있고, 단일 지능에는 언어 지능, 시각 지능, 청각 지능, 복합 지능에는 행동 지능, 상황 지능이 있다. 마지막 범용성이다. 온라인과 오프라인이 융합된 환경에서 미디어 상호 간 작용을 통해 이용자에게 현실감과 공간감을 체감하는 환경을 제공한다(민지영 외, 2024).

AI 구분 방법

인공지능은 학습 지능, 단일 지능, 복합 지능 등 여러 지능을 갖고 있다. 학습 지능은 머신 러닝, 추론 능력, 지식을 표현하는 지능이고, 단일 지능은 언어 지능, 시각 지능, 청각 지능처럼 단일한 능력을 갖춘 지능이며, 마지막으로 복합 지능은 상황과 감정의 이입, 지능형 에이전트, 범용 인공지능으로 대표되는 지능이다(김광호 외, 2020).

AI의 유형은 인간형 AI, 비인간형 AI로 구분할 수 있다. 인간형 AI는 연결주의로, 인간 신경망을 사용하는 인간형 AI이며, 병렬 처리를 선호한다. 비인간형 AI는 기호주의로, 0, 1의 기호 조작으로 기본 연산을 만들고 컴퓨터를 활용해서 다양한 계산을 수행한다. 순차적 직렬 처리를 선호하며 규칙 기반의 알고리즘으로 휴리스틱(heuristics)을 사용한다.

AI는 접근 방법에 따라 다음 세 가지로 설명할 수 있다. 첫째, 기호주의다. 이는 인간처럼 생각하는 기계를 만들기 위해서는 기계에 논리와 기호, 추론 방법을 가르치면 컴퓨터가 자동으로 사고할 수 있다고 생각하는 것이다. 이 접근 방법은 기호화와 연산에 대한 규칙화에 중점을 두고 발전했고(임백준, 2024), '규칙 기반 인공지능

(Rule based AI)' 또는 '계산주의(Computationalism)'라고 불린다. 둘째는 '연결주의'다. 이는 인간 두뇌의 신경망 구조인 두뇌 구조를 컴퓨터로 구현하기 위해 인공 신경망(ANN, Aritificial Neural Network)을 구현한 것이다. 세 번째는 '통계 기반 인공지능'이다. 우리가 풀고자 하는 문제를 통계적으로 어떻게 풀 것인지에 관심을 두고, 특징 설계(Feature Design), 평가 과정(Evaluation), 최적화 과정(Optimization)을 거쳐 처리한다. 최근에는 인공 신경망을 기반으로 하는 연결주의가 딥 러닝이라는 이름으로 가장 큰 관심을 받고 있다.

AI는 인간과 같은 의식의 유무에 따라 강 인공지능과 약 인공지능으로 나눌 수 있다. 인간과 동일한 지능을 갖고 있는 인공지능을 '강 인공지능'이라고 한다. 이들은 문제 설정에 따라 스스로 정답을 도출한다. 의식이 있는 AI는 영화 〈터미네이터〉 2편의 주인공(T-800)처럼 자신의 존재를 자각하고, 스스로 판단해서 행동한다. 이와 달리 일상생활의 특정 목적을 위한 인공지능을 '약 인공지능'이라고 한다. 약한 AI는 알파고처럼 특정 영역에 사용한다. 일상생활에서 예를 찾아보면 AI 스피커, AI 번역기, 자동차 내비게이션 등이 있다.

AI의 수준과 범위에 따라 AI 지능을 세 단계로 구분할 수 있다. 첫 번째 단계는 좁은 AI(NAI, Narrow Artificial Intelligence)다. 언어 번역, 게임, 이미지 인식 등 특정 작업을 위한 AI 시스템으로, 머신 러닝, 딥 러닝, 자연어 처리 등의 기술이 적용되었다. 우리가 알고 있는 챗GPT가 이 범주에 들어간다. 두 번째 단계는 보편적 AI(GAI, General Artificial Intelligence)다. 분야에 상관없이 넓은 영역과 범위를 생각하고, 추론하고, 이해하는 것이 가능한 AI로, 인간이 수행하는 모든 지적 작업이 가능한 AI 시스템이다. 세 번째 단계는 슈퍼 AI(SAI, Super Artificial Intelligence)다. 적용 범위와 능력에서 인간을 뛰어넘는 AI 시스템으로, 영화 〈아이언맨〉의 자비스(JARVIS) 정도의 능력을 갖춘 AI라고 할 수 있다(신동형, 2023).

이처럼 AI 지능은 '인간보다 모자라는', '인간에 상응하는', '인간을 넘어서는' 것으로 구분할 수 있다. 현재 연구 중인 GAI의 진행 방향을 기능 관점에서 살펴보면 다음과 같다. 첫째, 기본 AI(Basic AI)는 정의된 규칙에 따라 의사결정을 하는 기초적 수준의 AI로, 간단한 작업 수행이 가능하다. 둘째, 분석 AI(Analytic AI)는 수집된 데이터를 분석해서 추세나 징후를 판별하는 AI로, 머신 러닝이나 딥 러닝 등을 통해 고도화되고 있다. 셋째, 최근 가장 많이 듣는 생성형 AI(Generative AI)는 식별의 수준을 넘어 이미지, 텍스트, 비디오, 음성 등을 이용해 콘텐츠를 제작하는 AI로, 적대적 생성 신경망(GAN), 가변적 자동 인코더(VAE) 등 기술 활동을 통해 AI의 적용 범위를 넓혔다. 넷째, 설명 가능한 AI(Explainable AI)는 AI의 결괏값에 대한 예측의 근거와 과정을 설명함으로써 신뢰성을 검증할 수 있는 AI 시스템이다. 다섯째, 인지적 AI(Cognitive AI)는 지각, 추론 및 학습과 같은 인간과 유사한 인지능력을 갖는 AI다(골드스타우브, 2024).

마쓰오 유타카(Yutaka Matsuo)는 『인공지능과 딥 러닝』에서 인공지능의 수준을 네 가지로 구분했다. 단순한 제어 프로그램인 수준 1은 세탁기, 청소기처럼 단순한 제어 프로그램을 탑재한 제품으로, 널리 홍보되었고, 1990년대 가전제품에 사용되었다. 패턴이 다양한 고전적인 인공지능인 수준 2는 입출력 관계의 방법의 수가 극단적으로 많고, 기능이 복잡하고, 세련된 경우이다. 예를 들면 특정 분야의 지식을 활용, 특정 질문에 대한 해답을 찾는 전문가 시스템을 들 수 있다. 머신 러닝 기반 인공지능인 수준 3은 데이터를 바탕으로 학습되는 머신 러닝 알고리즘을 이용하는 수준이다. 쉽게 표현해서 규칙이나 지식을 스스로 학습하며 품질을 높여가는 머신 러닝이다. 딥 러닝 기반 인공지능인 수준 4는 입력 데이터의 특징을 사람이 입력하지 않고 기계가 직접 추출하는 딥 러닝 알고리즘을 이용한다. 이 점이 가장 중요하다. 머신 러닝은 학습 데이터에서 데이터를 추출하는 별도의 작업이 필요하지만, 딥 러닝은 딥 러닝 알고리즘이 특징을 직접 추출한다. 마쓰오 유타카가 언급한 머신 러닝과 딥 러닝은 이 책의 2장에서 상세히 기술할 것이다.

참고문헌

김광호 외(2020). 『AI 시대의 미디어』. 북스타.

민지영 외(2024). 『AI 영상제작』. 길벗.

신동형(2023). 『챗GPT등장, AI as an Infra로서의 출발점. Digital Insight 2023』. 한국지능정보사회진흥원.

임백준(2024). 『AI 트루스』. 한빛미디어.

한국교육방송 편집부(2024). 『수학과 함께하는 AI 기초』. ebs한국교육방송공사.

한규동(2022). 『AI 상식사전』. 길벗.

마쓰오 유타카(2015). 『인공지능과 딥 러닝』. 동아앰앤비.

스튜어트 러셀 · 피터 노빅(2016). 『인공지능 1: 현대적 접근 방식(Artificial Intelligence: A Modern Approach)』, 제3판. 제이펍.

타비타 골드스타우브(2024). 『AI와 살아가기 위한 기초지식』. 해나무.

02
AI 기술 발전

'AI' 하면 생각나는 딥 러닝, 머신 러닝, 퍼셉트론, 신경망 등 수많은 전문용어의 범람은 나를 AI로부터 멀어지게 한다. 반면, 인공지능의 비약적인 발전은 개인과 사회, 나아가 국가까지 변화시키고 있다. 구글의 알파고까지는 알겠는데, 그 이후는 혼돈 그 자체인 AI 기술혁신이 어떻게 이루어지고 있는지 탐구해 보자.

AI와 MBTI?

인식의 전환

컴퓨터를 이용해서 결과물을 도출하는 방법은 여러 가지가 있다. 처음에는 추론 방법을 사용한 수학적 증명에서 시작해서 전문가의 지식을 학습시켜 문제를 해결했다. 초기 단계에서는 개발자가 입력한 규칙이나 범위 안에서만 인공지능이 문제를 해결하는 한계를 갖고 있었다. 이 시점에는 컴퓨터 프로그램의 정석이라고 배운 프로그래밍 플로우차트를 배우고 활용해서 우리가 원하는 결과를 도출했다. 그러나 시간이 흘러 사람들이 원하는 자동화와 인간화 단계에 근접하면서 문제 해결 능력은 사람의 손 글씨를 구분할 수 있는 프로그램 개발조차도 어려울 정도로 실망스러웠다. 기존의 논리와 절차를 이용한 프로그래밍으로는 해결할 수 없는 부분이 너무 많았다.

인간이 오감을 통해 사물을 판단하고 인식하듯이 AI는 이미지, 언어, 영상, 음성 정보를 지능 시스템을 통해 그 의미를 이해하고 대응하는 수준까지 발전했다. AI는 대량의 이미지, 언어, 영상, 음성 정보를 학습하고, 이를 처리할 수 있다는 것은 이제 기계가 인간이 다루는 정보를 대부분 다룬다는 뜻이다. 최근의 멀티 모달(Multi Modal) AI는 이 세 가지 분야를 복합적으로 다루는 수준까지 이르렀음을 뜻한다(김덕진, 2025). 여기에는 데이터양도 중요하지만, 질적으로 높은 수준의 데이터를 학습하는 것이 중요하다. 현재는 신경망 모델 기반의 딥 러닝 기술을 활용하여 이미지나 소리 정보를 통해 의미를 이해하고 대응하는 수준까지 진행되고 있다.

시간이 지나면서 일정한 규칙에 근거한 계산 로직과 절차적 순서도에 따라 진행하는 알고리즘은 그 한계가 명확해졌다. 결국 학습이라는 방식을 통해 결과를 도출하는 방법이 우리가 추구하는 인공지능으로 구현된다는 것을 알게 되었다. 이에 필요한 선결 과제는 과연 상상을 초월한 방대한 양의 데이터를 수집하고 분석할 수 있는 컴퓨터가 존재하는가, 였다. AI를 심도 있게 공부하기 위해서는 수학은 기본이고 통계학까지 알아야 한다. 이제 위에 설명한 컴퓨터의 작동 방식을 살펴보면서 현재의 컴퓨터가 어떤 방식으로 프로그래밍 되고 작동해서 결과를 도출하는지 알아보고, 인공지능이 동작하는 방법을 구체적으로 살펴보도록 하자.

인공지능 동작 방법

인공지능의 동작 방법은 문제 해결(problem solving), 추론(reasoning), 학습(learning), 인식(recognition)으

로 구분할 수 있다(한국교육방송, 2020). 먼저 문제 해결 방법은 자동차의 실시간 경로 찾기나 바둑의 수 싸움 게임처럼 현대인들도 이미 많은 경험을 쌓은 것이다. 이것은 2016년 알파고(AlphaGo: 구글의 딥마인드 사가 개발한 인공지능 바둑 프로그램)와 이세돌 9단의 바둑 대결로 세상에 널리 알려지게 되었다.

문제 해결 방안은 문제의 범위를 줄이거나 문제를 명확히 해서 최적의 문제 해결을 위해 여러 기법을 사용한다. 즉 주어진 문제 해결을 수행하기 위해 가장 효율적인 방안을 찾는 것이다. 특히, 탐색을 줄이는 데 도움이 되는 경험적 판단이나 규칙을 사용해서 빠르게 문제를 해결하는 휴리스틱 방법이 문제 해결 방안의 예라고 할 수 있다.

인공지능 구현 방법인 추론, 탐색, 시맨틱네트워크, 머신 러닝 등에 대해 구체적으로 살펴보자(한규동, 2022). 먼저, 추론 과정은 기호적 인공지능으로 불린다. 지식, 정보, 언어 등을 기호 형태로 표현하는 것으로, 인간의 논리적 추론 과정을 컴퓨터로 시뮬레이션한다. AI는 지난 데이터를 바탕으로 향후 발생할 일들을 예측하고, 개인의 행동과 기호를 과거의 발자취를 분석해 예측한다.

우리의 일상생활에 근접한 추론 방법을 사용한 인공지능은 챗봇으로, 데이터를 기반으로 결론을 도출하는 전문가 시스템이다. 그러나 챗봇은 허구의 내용이나 맥락과 상관없는 결과물을 생성하기도 한다. 학습 데이터의 한계, 편향적인 데이터 축적, 데이터의 사실 확인 부재 등이 그 요인으로 알려져 있다.

AI는 대량의 이미지, 문제, 음성 데이터를 학습한다. 여기에는 데이터양과 더불어 질적으로 높은 수준의 데이터로 학습하는 것이 중요하다. 군집, 연관 분류, 예측과 같은 지능적 행위를 하는 모델로, 데이터로부터 일정한 패턴과 모델을 찾아내는 딥 러닝은 이런 학습 분야에 해당한다(신동형, 2023).

최근 많이 듣는 머신 러닝과 딥 러닝에 대해 살펴보자. 먼저 둘의 차이점을 보면, 머신 러닝은 주로 예측과 분류에 사용된다. 주어진 데이터를 기반으로 미래의 데이터를 예측하거나 분류하는 것이 목표다. 이메일이 스팸인지 아닌지를 분류하거나, 주식시장 데이터를 기반으로 주식가격을 예측하는 것 등이다. 반면 생성형 AI는 주어진 데이터를 기반으로 새로운 콘텐츠를 창조하는 데 중점을 둔다. 예측보다는 새로운 이미지, 텍스트, 음악 등을 생성하는 데 목적이 있다.

머신 러닝은 보통 수치나 카테고리 같은 명확한 출력값을 제공한다. 데이터 분석, 분류 작업, 추천 시스템 등을 통해 어떤 이미지를 학습한 후 고양이 또는 강아지로 분류하는 것이다(김광호 외, 2020). 생성형 AI는 창의적인 출력을 만들어 내는데, GPT-4는 사용자가 입력한 질문에 대해 새로운 텍스트를 생성하고, DALL · E는 새로운 이미지 생성으로 새로운 결과물을 만들어 보여준다.

머신 러닝의 정의

에드거 데일(Edgar Dale) 기반의 머신 러닝은 컴퓨터 프로그래밍을 통해 수행할 업무를 상세하게 기입하고, 절차적으로 명시한 프로그램에 따라 수행하는 것이다. 업무를 수행하는 기존 방식을 개선하고, 심화시키는 방식으로 발전시켜 비용을 절감하고, 시간을 절약할 수 있다.

프로그래밍된 기계에 샘플 데이터로 훈련시키는 학습 방법은 기존 데이터에서 더 효율적이며 정확한 데이터를 도출하도록 프로그래밍해야 한다. 컴퓨터가 훈련을 통해 원하는 결과를 도출할 수 있는 처리 방법을 학습하고, 새로운 데이터를 이전 학습한 방식으로 처리하는 방식이다.

일반 프로그래밍은 사람이 처리 방법을 만들고, 이를

실행하면 컴퓨터가 처리하고 결과를 발송한다. 머신 러닝 프로그래밍은 사람이 원하는 결과 데이터를 준비하고, 컴퓨터가 처리 방법을 만들면 사람이 실전 데이터를 활용해 입력하고 컴퓨터가 처리해서 결과를 보내는 방식이다. 즉 규칙을 일일이 프로그래밍하지 않아도 자동으로 데이터에서 규칙을 학습하는 알고리즘을 연구하는 분야다.

머신 러닝 학습

머신 러닝은 명확한 정답이나 방법론이 없는 문제에 이용되고, 이처럼 기계가 스스로 학습하는 데는 통계와 확률을 기준으로 한 학습 과정이 진행된다. 실제로 통계 이론을 이용해 만든 분석 기법은 회귀 분석, 클러스터링, 서포트 벡터 머신, 마르코프 과정 등이 있다. 사람이 경험을 축적해서 문제를 해결하듯 기계는 통계와 확률을 사용해서 문제를 푼다(미츠무라, 2022). 머신 러닝은 AI에게 대량의 데이터를 학습시켜 분석, 예측, 생성 등을 하게 하는 기술이다. 기계 학습 방법은 지도 학습(supervised learning), 비지도 학습(unsupervised learning), 강화 학습(reonforcement learning)으로 분류한다(한규동, 2022).

첫째, 문제와 정답을 알려주고 학습시키는 지도 학습

은 기계가 이미 정답이 정해져 있는 데이터를 바탕으로 정답의 방향으로 학습하도록 하는 방식이다. AI가 사람처럼 판단할 수 있게 하는 지도 학습은 분류 방식과 회귀 분석을 이용하여 주어진 값이나 데이터를 가장 잘 표현할 수 있는 관계를 찾아내는 것으로, 많은 양의 데이터가 제공될수록 더 효율적인 학습이 진행된다. 여기서 분류는 샘플을 몇 개의 클래스 중 하나로 분류하는 것이고, 회귀는 임의의 어떤 숫자로 예측하는 것이다. 데이터의 양과 종류에 따라 엉뚱한 결과를 나타낼 수 있으므로 데이터의 편향성과 윤리적 측면에 기반한 데이터를 제공하고 학습시켜야 한다.

둘째, 비지도 학습은 정답을 제공하지 않고 학습시키는 방법으로, 높이뛰기나 바이올린 연주처럼 시행착오를 거쳐 체득하는 방식이다. 여러 데이터 중 '특이한 것을 찾는 작업'이나 '공통된 것을 찾는 작업'을 학습하는 것으로, 출력값(정답) 없이 입력값만 이용해 모델을 학습시켜 주어진 데이터를 여러 개의 그룹으로 나누는 '군집화'에 활용한다. 해답이 없는 여러 데이터 집합에서 데이터의 특성을 분석해 군집화하는 학습 방법으로, 데이터의 발생 환경과 테스트 환경이 일관되게 제공되어야 정확한 학습이 진행된다. 비지도 학습에는 군집 알고리즘, K-평균, 주성분 분석이 사용된다.

셋째, 강화 학습은 상벌을 통해 행위를 강화하는 학습으로, 학습 과정에서 정답을 도출하면 보상을 주어 정답 가능성을 높이는 방법이다. 방향성이나 목표를 제시하는 형태로 기계를 학습시키는 방법으로, 사람이 목표를 설정하고 목표 달성도를 평가하면 AI는 지속적인 반복을 통해 가장 접합한 해결책을 발견하는 것이다. 즉 최적의 행동을 예측하고 새로운 데이터를 생성하는 데 이용된다. 강화 학습 접근 방법의 하나인 Q 러닝은 무한 횟수의 시행착오를 거치면 반드시 성공하는 알고리즘이다. 무한 반복적으로 도전하여 최적의 행동에 대한 파라미터를 올리는 방법으로 무한한 선택지를 무한 회 시도하면 최적의 결과를 얻을 수 있다는 접근이다(김용성, 2024).

머신 러닝 알고리즘 평가

논리적인 순서에 의해 작성된 알고리즘은 프로그램의 목적에 맞게 동일한 순서에 의해 실행되며, 항상 일정한 수준으로 작업을 수행한다. 알고리즘은 AI의 작동 순서를 기록한 설계도라고 할 수 있다. 알고리즘은 분류, 예측, 군집화 알고리즘으로 구분한다(에마, 2024).

첫째, 분류 알고리즘은 입력된 데이터에서 얻은 패턴을 바탕으로 미지의 데이터가 어느 그룹에 속하는지 분석할 때 사용한다. 분류 알고리즘에는 로지스틱 회귀, 확률적 경사 하강법이 있다.

둘째, 예측 알고리즘은 데이터의 불규칙한 분포 패턴에서 미지의 데이터 결과를 예측할 때 사용한다. 기존의 데이터에 없는 새로운 데이터를 예측하는 데 사용할 수 있는 함수와 규칙을 찾는 것이다.

셋째, 군집화 알고리즘은 입력한 데이터를 몇 개의 무리로 분류할 때 사용한다.

이처럼 머신 러닝은 예측 모델, 추천 시스템, 자연어 처리 등에서 유용하게 사용된다. 유튜브의 추천 알고리즘이나 피드 순서 결정, SNS의 사용자 맞춤형 광고 등에서 핵심적인 역할을 한다.

딥 러닝

1980년대 AI는 데이터의 부족, 감각적인 정보처리의 어려움으로 정체 상태였다. 이후 2000년대에 컴퓨터의 처리 기능이 발전하고 다양한 소셜네트워크서비스(SNS)가 등장하면서 데이터가 넘쳐날 정도로 많아지게 되었다. 이후 2010년대에 딥 러닝이 등장하면서 정보처리에 비약적인 발전이 진행되었다(미츠무라, 2022). 머신 러닝의 한 종류인 인공 신경망은 뉴런 구조를 모방한 수리적 모델로, 심층 학습에서는 인공 신경망을 여러 층으로 깊게 쌓은 심층 신경망이 활용된다. 인공 신경망은 입력층, 중간층, 출력층의 세 층으로 이루어져 있는데, 중간층을 늘려 4층 이상으로 만들면 심층 학습이 된다. 딥 러닝은 인공 신경망 기반의 머신 러닝 구현 방법으로 심층 신경망(은닉층 2개 이상), 인공 신경망으로 구분한다. 여기서 언급한 인공 신경망은 사람의 두뇌 신경세포인 뉴런이 연결된 형태를 모방한 모델이다(김용성, 2024).

딥 러닝의 발전은 대규모 데이터세트(DataSet)와 고성능 컴퓨팅의 발전 덕분에 가능해졌다. 이를 통해 음성인식, 이미지 분류, 자연어 처리, 자율주행 차량, 의료 영상 분석 등 다양한 분야에서 일상생활에 도움을 주고 있다.

딥 러닝의 활용 분야는 점점 확장되는 추세로, 음성인식, 이미지 인식(이미지 분류, 이미지 탐지), 비지도 학습(머신 러닝은 지도 학습을 이용)을 이용한 이미지 인식으로 구분할 수 있다. 이미지 인식에 사용하는 기법인 합성곱 신경망(CNN, Convolutional Neural Network)은 특징의 분리와 합성 그리고 취급하는 정보를 간단하게 하는 진행으로 이미지 특징 추출을 편리하게 한다. 기존에는 선, 위치, 방향 등에 초점을 맞춰 이미지를 인식했다면, CNN은 대상을 인식하는 데 필요한 것은 사실적인 정보가 아니라 윤곽, 색상, 수염 등 특징만으로도 충분하다는 개념이다. 테슬라의 전기차에서 사물을 인식하고 자율주행을 하는 것도 CNN을 활용한 것이다.

스스로 답을 찾는 비지도 학습 방식을 사용하는 생성적 적대 신경망(GAN, Generative Adversarial Network)은 특정 분야에만 특화되어 있는 것이 아닌, 기본적인 이해 능력, 추론, 문제 해결, 창의적 사고 등을 갖춘, 인간과 유사한 또는 높은 지능 수준을 가진 인공지능을 의미한다(임양섭, 2024).

언어 처리 및 시계열 처리에 강한 순환 신경망(RNN, Recurrent Neural Network)은 인간이 사용하는 자연어 처리나, 동영상이나 음성같이 시계열을 수반하는 데이터에 유효하다. 즉 입력된 정보가 반복적으로 나타나고 각기 미묘한 차이에 가중치를 부여하는 것으로 조정하는 것이다(신동형, 2023).

순차 데이터는 시계열 데이터나 텍스트처럼 순서에 의미가 있는 데이터를 말한다. "I am a girl, girl am a I" 같은 텍스트 데이터는 단어의 순서가 중요한 순차 데이터로, 순서를 지켜 신경망에 주입해야 한다. 순환 신경망으로 순환 데이터를 처리하는 것이다. 결론적으로 동영상 인식은 합성곱 신경망과 순환 신경망을 조합해서 진행할 때 정밀도가 향상되어 동영상을 보다 정확히 식별할 수 있다(한규동, 2022).

지금까지 AI 기술 발전에 대해 알아보았다. 현재 대중에게 가장 많이 회자되는 생성형 인공지능에 대한 고찰은 5장 AI와 제작 도구, 6장 AI와 콘텐츠 제작에서 상세히 다루었다.

참고문헌

김광호 외(2020). 『AI 시대의 미디어』. 북스타.

김덕진(2025). 『AI 2025』. 스마트북스.

김용성(2024). 『AI 리터러시: 인공지능 필수지식부터 완벽한 활용까지』. 프리렉.

신동형(2023). 『챗GPT등장, AI as an Infra로서의 출발점. Digital Insight 2023』. 한국지능정보사회진흥원.

임양섭(2024). 멀티모달 AI 경쟁과 다가오는 AGI, 정보통신기획평가원.

한국교육방송 편집부(2024). 『수학과 함께하는 AI 기초』. ebs한국교육방송공사.

한규동(2022). 『AI 상식사전』. 길벗.

미츠무라 나오키(2022). 『그림으로 배우는 AI』. 영진닷컴.

에마 아리사(2024). 『그림으로 쉽게 배우는 AI 사용설명서』. 브랜드드루.

03
AI와 기호학

AI와 기호학은 다양한 분야에서 밀접하게 연관되어 있다. 정치, 경제, 사회, 미디어, 마케팅에 이르기까지 여러 분야에서 기호학적으로 내포된 의미를 분석해 보고자 한다. 콘텐츠에 드러난 의미가 아닌 숨겨져 있는 심층 의미를 파악하고, 기호학과 AI가 어떻게 관련을 맺으며 의미를 생성하고 해석되는지 알아보자.

AI와 난임 극복?

인공지능과 기호학

AI와 기호학의 관계는 매우 흥미로운 주제다. 기호학은 기호의 의미와 사용을 연구하는 학문으로, 언어, 이미지, 소리 등 다양한 형태의 기호를 분석한다. 기계가 이해하는 방식은 사람과 다르다. AI는 기호(Symbol)가 개념에 닿지(Grounding) 않는다면 올바른 기호와 개념을 이해할 수 없다(에마, 2024). 기호와 대량의 이미지 간의 관계를 AI에 학습시켜 이제는 기계 스스로 특징을 파악할 수 있다. 사진은 창작이 아니라 발견의 예술이다. 사진은 현실의 사물을 그대로 옮기는 작업이기 때문이다. 이러한 사진의 시대적 배경과 인물의 복장, 사진의 구도 등에서 기호학은 의미의 구조와 원리를 밝히려고 애쓴다. 어떻게 의미가 발생하고 수용·해독되는가를 연구하는 기호학은 인간 사회에서 의미작용이 일어나고 소통되는 과정을 탐구함으로써 현실 세계에서 새로운 의미를 읽어내는 가치를 지니기 때문이다(기호학연대, 2002). AI는 이러한 기호를 이해하고 처리하며 새로운 의미를 생성하는 데 중요한 역할을 한다. 여러 분야를 통해 사례를 살펴보면 이렇다.

사회학에서 기호학은 사회적 상호작용에서 의미를 어떻게 생성하고 전달하는지를 연구하는 것이다. AI는 사회적 맥락에서 기호를 분석하고, 사람들의 행동을 예측하거나 의미를 생성하는 데 활용된다. 소셜 미디어에서 AI는 사람들이 사용하는 언어, 해시태그, 이모티콘 등을 분석하여 사회적 트렌드와 감정을 파악한다. 즉, 특정 기호나 단어의 사용 빈도 그리고 문맥을 분석하여 사회적 움직임이나 여론의 변화를 예측할 수 있는 것이다.

데이터 분석을 통한 사회적 규범 파악 측면에서 AI는 대규모 데이터를 처리하여 특정 사회적 행동이나 규범을 발견하고, 이를 통해 사회적 패턴이나 변화에 대한 이해를 제공할 수 있다. 즉 사용된 기호가 어떤 사회적 집단에서 어떻게 해석되고 수용되는지 분석할 수 있다는 것이다.

정치 분야에서 보면, 기호학은 선거 캠페인, 정책 발표, 정치적 메시지의 전달에서 중요한 역할을 한다. AI는 정치적 메시지나 선거 운동에서 사용되는 기호의 해석과 생성에 아주 중요한 영향을 미친다. 선거 캠페인 및 여론 분석을 진행할 때, AI는 정치인들이 사용하는 언어나 슬로건이 유권자들에게 어떻게 받아들여지는지를 분석해서 선거 방향과 정책을 수립하는 데 활용한다. 특히, 공약, 선거 키워드, 선거 구호 등이 선거에서 유권자들에게 긍정적 또는 부정적으로 해석되는 방식을 AI 분석을 바탕으로 더욱 효과적인 메시지를 전달할 수 있다. 또한, 선거전에서 상대방이 뉴스와 선전을 통해 유리한 고지를 선점하려고 할 때, AI는 기호학적으로 왜곡된 정보나 가짜뉴스를 식별하는 데 아주 유용하게 활용된다. 선거 구호나 이미지가 가짜뉴스에 어떻게 사용되는지를 분석하여, 사회적 해석을 방지하고 더 정확한 정보를 전달하는 데 유용한 도구로 활용된다.

마케팅 분야에서 기호학은 브랜드 이미지, 광고, 소비자 반응을 분석해서 이론적 틀을 제공하는 중요한 역할을 한다. AI는 마케팅 전략에서 기호학적 요소를 분석하고 소비자 행동을 예측하는 데 효율적인 도구라고 할 수 있다.

브랜드의 기호적 해석을 보면, AI는 소비자가 브랜드 로고, 광고 문구, 색상, 디자인 등의 기호적 요소를 어떻게 해석하는지를 분석한다. 이를 통해 마케팅 담당자는 소비자에게 긍정적인 인식을 심어줄 수 있는 전략을 세울 수 있다. 어떤 색상과 이미지가 소비자에게 더 강한 감정적 반응을 일으키는지 데이터를 바탕으로 광고 기획과 디자인을 최적화할 수 있는 것이다.

광고 캠페인 분석에서 AI는 광고의 효과를 분석하여, 소비자가 광고에 포함된 기호나 메시지를 어떻게 받아들이는지를 측정한다. 이를 통해 어떤 기호가 어느 시장에서 긍정적인 반응을 끌어내는지 파악하고, 그에 맞춘 맞춤형 광고 전략을 수립할 수 있다.

AI가 기호를 이해하고 처리하는 방법을 자연어 처리, 이미지 인식, 감정 분석 부분에서 살펴보자.

첫째, 자연어 처리(NLP)는 AI의 한 분야로, 기호학의 언어 기호를 이해하고 해석하는 데 중점을 둔다. AI가 텍스트를 분석할 때 단어와 문장의 의미를 파악하고, 문맥에 따라 적절한 반응을 생성하는 과정은 기호학적 원리를 기반으로 한다. 기호학에서는 단어가 특정한 의미를 지니고 있으며, 이 의미는 문맥에 따라 달라질 수 있다는 점을 강조한다.

둘째, 이미지 인식은 AI가 이미지를 인식하고 분류하는 과정에서 기호학의 중요한 역할을 보여준다. 눈은 물체와 그것의 이미지를 바라보고, 뇌는 그 둘 사이의 관계를 맺는다. 한 개인의 일생을 통해 형성되는 기호 체계에 근거를 둔 뇌의 작동처럼 닮음을 지각하는 행위는 사회문화적 행위이다(주형일, 2007). AI가 고양이와 개의 이미지를 구별할 때, 각 동물의 특징적인 기호(예: 귀 모양, 털 색깔 등)를 분석하여 분류하는데, 이 과정은 기호학에서 기호가 어떻게 의미를 전달하는지를 이해하는 데 도움을 준다.

셋째, 감정 분석은 소셜 미디어나 리뷰 사이트에서 사용자 의견을 분석하는 감정 분석 기술로, 기호학과 관련이 있다. AI는 텍스트에서 긍정적, 부정적, 중립적인 감정을 식별하기 위해 특정 단어와 구문을 기호로 해석한다. 이 과정에서 기호의 의미와 그 조합이 감정의 뉘앙스를 어떻게 형성하는지를 이해할 수 있다.

"기호란 무엇인가? 그것은 아날로그 미디어의 발명 이후 기계가 기록하는 의식 및 의미 현상의 요소다"라고 정의한 이시다 히데타카의 말처럼, AI는 기호학의 원리를 활용하여 다양한 형태의 기호를 이해하고 처리함으로써, 인간과의 상호작용을 보다 원활하게 만들어 준다. 기호학적 접근은 AI의 발전에서 중요한 기초가 되고 있다.

찰스 샌더스 퍼스와 AI

찰스 샌더스 퍼스(Charles Sanders Peirce)의 기호학적 관점에서 AI를 이해하기 위해서는 퍼스의 기호 이론을 먼저 알아야 한다. 퍼스의 삼원론(semiosis triad)인 도상 기호(icon), 지표 기호(index), 상징 기호(symbol)는 기호학과 커뮤니케이션 이론에서도 중요한 개념이다.

이 개념은 사물이나 아이디어가 기호를 통해 어떤 방법으로 사람들에게 전달되는지를 설명한다(퍼스, 2018).

도상 기호는 그 자체로 의미를 전달하는 기호로, 기호는 그 대상체의 이미지이다. AI의 이미지 인식 시스템은 특정 객체를 인식할 때 그 객체의 시각적 특성을 기반으로 작동한다. 이 경우, AI는 도상 기호 방식으로 이미지를 분석하여 그 이미지가 무엇인지를 판단한다.

지표 기호는 어떤 상관관계나 물리적 연결을 통해 의미를 전달하는 기호이다. 그 대상을 나타내는 물리적 또는 원인적 관계가 있다. 낮은 기압계와 습기 찬 공기는 비의 지표이다. AI가 센서를 통해 수집한 데이터는 특정 환경의 상태를 나타내는 인덱스 역할을 한다. 온도계가 30도라는 눈금을 보여줄 때, 이는 현재의 실제 온도를 직접적으로 나타내는 지표 기호다.

상징 기호는 관습적이고 사회적으로 합의된 의미를 가진 기호이다. 단어, 브랜드 로고, 숫자, 특정 문자가 기호에 해당한다. 이처럼 모든 계약적 기호들은 상징 기호들이다. AI의 자연어 처리(NLP) 시스템은 언어의 기호적 특성을 활용하여 인간의 언어를 이해하고 생성한다. 'Love'라는 단어는 특정 감정을 나타내는 기호로, 그 의미는 문화적 맥락, 수집된 데이터에 따라 다르게 해석될 수 있다.

퍼스의 기호학적 관점에서 AI를 분석하면, AI 시스템이 어떻게 다양한 기호를 사용하여 정보를 처리하고 의미를 생성하는지를 이해할 수 있다. AI는 도상 기호, 지표 기호, 상징 기호를 바탕으로 데이터를 해석하고, 인간과 상호작용하며, 다양한 작업을 수행할 수 있다. 기호학적 방식의 미디어 적용은 사용자 경험을 정확히 파악해서 콘텐츠 제작에서 타기팅(Targeting)을 명확히 하고, 시청자가 원하는 콘텐츠 제공이 가능하게 돕는다.

소쉬르의 AI

페르디낭 드 소쉬르(Ferdinand de Saussure)의 기호학 이론에서 기호는 기표(signifiant)와 기의(signifié)로 구성된다. "언어는 기호의 체계이다"라는 의미를 전달하기 위해 소리는 규약 체계, 혹은 기호 체계의 한 부분이 되어야 한다(컬러, 1998). 기표와 기의는 언어와 의미의 관계를 설명하는 중요한 개념이다. 기표는 언어적 표현, 즉 소리나 글자와 같은 물리적 형태를 의미하며, 기의는 그 표현이 지칭하는 개념이나 의미다. 이 두 가지는 서로 불가분의 관계로 기표가 없으면 기의는 존재할 수 없고, 반대로 기의가 없으면 기표는 의미를 잃게 된다. '나무'

라는 기표는 특정한 이미지를 떠올리게 하는 기의와 연결되어 있다. 그러나 보드리야르(Jean Baudrillard)는 기표가 단지 기의를 표현하기만 하는 것이 아니라, 어느 의미에서는 기의를 분절하고 그렇게 하여 실제로 기의를 생산한다고 수정함으로써 생산과정을 유물론적으로 설명했다.

소쉬르는 기표와 기의의 이러한 관계를 통해 언어가 단순한 의사소통의 도구가 아니라, 사회적 맥락 속에서 의미가 형성되는 복잡한 시스템임을 강조했다. 따라서 AI는 이 두 요소를 어떻게 처리하고 해석하는지가 중요한 점인데, 현대 기술에서도 이러한 기호학적 관점은 언어 처리와 의미 이해에 중요한 역할을 한다.

AI는 기표를 인식하고, 그에 해당하는 기의를 파악하여 인간과의 의사소통을 원활하게 할 수 있도록 설계된다. 창작자가 여행 브이로그를 다룬다면, 그 영상의 기표인 '여행'이란 키워드를 통해 해당 영상이 '여행과 관련된 콘텐츠'라는 기의를 지니고 있다는 것을 AI가 인식하고 추천하는 식이다.

AI는 소쉬르의 기호학 이론인 기표와 기의의 관계를 바탕으로 언어를 이해하고 처리하는 데 기초를 두고 있으며, 이는 언어의 의미를 효과적으로 전달하는 데 아주 중요한 역할을 한다.

롤랑 바르트와 AI

롤랑 바르트(Roland Barthes)는 프랑스의 문학 이론가이자 비평가로 신화를 단순한 이야기나 전통으로 보지 않고, 사회적 의미와 이데올로기를 전달하는 중요한 매체로 이해했다. 그는 영화를 기표와 기의의 단일체로 간주했는데, 기표는 인물, 의상, 장면의 구성, 제스처(gesture), 음악 등의 영상 요소들로 구성되며, 기의는 관객의 정신 속에만 존재하는 개념적 실체라고 했다(기호학연대, 2002).

롤랑 바르트는 『신화론(Mythologies)』에서 신화의 구조와 기능을 분석했다. AI와 바르트의 신화 창조적 관점 간의 연관성을 살펴보면, AI가 생성하는 콘텐츠가 현대 사회에서 새로운 신화를 형성할 가능성을 엿볼 수 있다. AI는 데이터를 기반으로 다양한 정보를 생성하고, 이를 통해 새로운 의미와 해석을 만들어 낼 수 있는 것이다.

AI가 생성한 이미지나 텍스트는 특정 문화적 맥락에서 새로운 신화를 창조할 수 있으며, 이 점은 사람들의 인식과 가치관에 영향을 미칠 수 있다. 바르트의 관점에서 보면 AI가 만들어 내는 콘텐츠는 단순한 정보 전달을 넘어 사회적 이데올로기를 반영하고 재구성하는 역할을 할 수 있다.

이제, AI는 바르트가 말한 신화의 창조적 과정에 참여할 수 있으며, 이 점은 현대사회에서 새로운 형태의 신화가 어떻게 형성되고 소비되는지를 이해하는 데 중요한 시사점을 제공한다.

기호학에서 바라본 미디어 속 AI

AI 기술에 기반한 오늘날의 미디어는 기호학적 관점에서 여러 현상을 보여주고 있다. 첫째는 새로운 기호를 만들어 내는 AI이다. AI 기술은 전통적인 기표와 기의의 관계를 새롭게 재구성했다. 창작자는 AI 이미지 생성 도구로 기존에 없던 기표를 창작하고, 이를 통해 새로운 의미 체계를 형성한다.

둘째는 의미의 유동성으로, AI는 기표와 기의의 결합을 역동적으로 변화시킬 수 있다. AI가 데이터 수집을 통해 자동으로 생성한 뉴스 헤드라인은 동일한 사건(기의)을 다양한 기표로 표현함으로써 시청자들에게 서로 다른 의미를 전달할 수도 있다.

코카콜라가 30년 전의 자사의 광고를 AI를 활용해 재제작한 〈The Holiday Magic is coming〉은 전통적인 음료의 상징성(기의)이 AI의 화려하고 초현실적인 그래픽

(기표)과 결합되어 새로운 소비자 경험을 제공했다. 2024년 발표된 이 광고는 광고만이 아닌 디지털 미디어 콘텐츠 시장에 'AI is coming'을 알리는 상징으로 불리고 있다. 이처럼 AI가 창작한 초현실적 광고 이미지는 특정 상품이나 브랜드의 속성을 과장하거나 새 의미를 부여함으로써 소비자에게 독특한 메시지를 전달, AI의 위상을 제고시켰다.

셋째는 신화의 재구성으로, AI는 기존의 기호 체계를 조합하여 새로운 신화를 창출한다. AI가 생성한 광고 이미지는 특정 제품을 단순한 상품이 아닌 시청자가 원하는 이상적인 라이프스타일의 상징으로 재구성하는 방식이다.

AI가 만들어 낸 이미지나 글은 이상화된 라이프스타일을 홍보하며, 소비자들이 이를 현실로 여길 수 있게 한다. 롤랑 바르트의 기호학적 관점에서 보면, 소셜 미디어에서 AI 알고리즘은 특정 기호를 지속적으로 노출하거나 강화하여 생성한 콘텐츠는 특정 이데올로기를 강화하거나 확산시킨다. 우리가 알고 있는 추천 알고리즘은 특정 주제나 관점을 반복적으로 노출시켜서 사용자들에게 특정 가치관을 주입시키는 데 이용할 수 있다. AI 이미지 생성 도구인 MidJourney 또는 DALL · E를 이용해 만든 여행 사진은 실제 장소보다 한층 이상화된 풍경을 보여줌으로써 현실의 콘텐츠 소비자에게 '완벽한 여행'이라는 신화를 강화시키고 있는 것이다.

기호는 개인의 문화적, 사회적 환경과 관점의 차이 같은 변수들에 의해 의미 작용이 다양하게 일어난다(이정임 외, 2002). 선사시대부터 나타난 단순한 그림과 숫자에서 시작한 시각 기호의 유형들은 정보화 시대와 디지털 매체의 시대를 지나 현재의 AI 시대까지 이어져 오고 있다.

지금까지의 내용을 정리하면, 소쉬르의 구조적 관점은 AI가 기호 간 관계를 재구성하는 방식을 설명하고, 퍼스의 삼원론은 AI가 생성하는 기호의 다층적 의미를 설명한다고 하겠다. 그리고 롤랑 바르트의 신화론은 AI가 사회적 메시지를 전달하는 방식을 설명하는 데 유용하다. 이렇듯 인공지능 시대의 AI는 단순히 콘텐츠를 생산하는 도구를 넘어서 기호학적 의미를 생산하고 재구성하면서 새로운 문화를 형성하는 주체로 작용하고 있다.

참고문헌

기호학연대(2002). 『기호학으로 세상 읽기』. 소명출판.
이정임 외(2002). 기호학의 측면에서 본 디지털 미디어 기호의 유형 및 응용 방법에 관한 연구. ≪디자인학연구≫, 46, 260-261쪽.
주형일(2007). 『이미지를 어떻게 볼 것인가?』. 지앤지(知&智).
에마 아리사(2024). 『그림으로 쉽게 배우는 AI 사용설명서』. 브랜드 드루.
이시다 히데타카(2020). 『디지털 미디어의 이해』. 사회평론아카데미.
조너선 컬러,(1998). 『소쉬르』. 시공사.
찰스 샌더스 퍼스(2018). 『퍼스의 기호 사상』. 민음사.

04

AI와 미디어 혁신

미디어 콘텐츠 제작은 콘텐츠 기획, 현장 답사, 제작 스태프 구성, 제작 일정의 빠듯함과 제작비에 따른 고충 등 무수한 단계와 전문가를 필요로 한다. AI는 기존의 묵은 습관을 던져 버리며, 부분적 · 단계적으로 '1인 제작시스템'이라는 미디어 변화를 주도하고 있다. 인간의 창작 의지와 AI의 결합은 미디어 혁신의 가속도를 높일 것이다.

AI와 사주?

미디어 혁신

AI의 출현이 기존 미디어에 미친 파급효과는 방송사, 프로그램 제작자, 영화제작, 1인 미디어 창작자 그리고 쇼츠 제작자까지 모두에게 영향을 미치고 있다. 미디어의 변화는 이제 시작이라고 한다. AI 미디어의 미래는 역동적이고 변혁적일 것으로 예상된다. 변화를 수용하고, 새로운 기술을 받아들여 급변하는 미디어 시장에서 경쟁력을 유지하기 위해 미디어는 오늘도 혁신을 꾀하고 있다(박주성 · 조민정, 2023).

AI가 미디어 혁신에 미치는 영향에 대해 지상파, 케이블TV, 위성방송, OTT, 소셜 미디어, 유튜브 등의 플랫폼에 따라 설명하고, 향후 미디어의 전망에 대해 알아보고자 한다.

지상파방송은 전통적인 방송 형태로, AI 기술의 도입은 콘텐츠 제작 및 시청자 분석에 영향을 미친다. 콘텐츠 개인화 부문에서 보면, AI는 시청자 데이터를 분석하여 방송 시간대, 주제, 스타일에 따른 프로그램을 추천하거나, 실시간으로 프로그램의 흐름을 조정할 수 있다. 자동화된 자막 생성 및 음성인식은 AI 기반의 음성인식 기술을 통해 자막을 자동으로 생성하거나, 다양한 언어로 번역된 자막을 제공하여 접근성을 높일 수 있다.

앞으로는 지상파방송에서 AI 기반 프로그램 제작이 더 적극적으로 도입될 것으로 보인다. 시청자의 반응을 실시간으로 분석해 프로그램의 포맷을 유동적으로 조정하거나, 기존의 일방적인 프로그램 송출이 아닌 데이터 기반의 시청자 친화형 콘텐츠를 제작하는 방식이라고 할 수 있다.

케이블TV는 주로 유료 방송으로, AI는 시청자의 콘텐츠 소비 패턴을 레거시 미디어보다 상세하게 분석하고, 개인화된 경험을 제공하는 역할을 하고 있다. 케이블TV의 특성상 채널별 장르의 강점을 최적화시킬 수 있는 구체적인 방안은 많은 편이다. AI의 발전으로 케이블TV의 프로그램은 선 제작 후 완결되는 것이 아니라 프로그램 방송 중에도 시청자의 실시간 반응을 분석하여 더욱 정교하게 만족도를 높이는 방향으로 시스템이 강화될 것이다. AI는 특정 장르나 독특한 포맷의 콘텐츠 제작을 자동화하거나, 기존의 방송 콘텐츠를 재구성해서 제작할 수 있다.

위성방송은 지리적으로 전파 수신이 어려운 산간 지역, 외딴섬 등 소외된 지역과 해외로까지 광범위하게 방송을 송출할 수 있는 플랫폼으로 글로벌 콘텐츠 시장에 맞춰 각국의 문화와 취향에 맞는 콘텐츠를 제작 송출하는 데 적합하다. 이런 장점에 따라 AI 번역기를 활용해서 위성 수신 지역 시청자의 언어와 특성에 맞춰 인기 있는 프로그램 편성과 송출을 할 수 있다.

OTT 플랫폼은 인터넷을 통해 제공되는 비디오 스트리밍 서비스로, AI의 활용도가 가장 높은 분야 중 하나라고 관측된다. 우선은 추천 알고리즘을 통해 AI는 시청자가 좋아할 만한 프로그램을 추천하는데, Netflix나 Hulu와 같은 OTT 플랫폼의 추천 시스템은 시청자의 과거 시청 기록을 기반으로 콘텐츠를 추천한다.

추천 시스템은 AI가 시청자의 취향을 파악하고 선호도를 분석해서 가장 적합한 콘텐츠를 추천한다. Netflix, Disney+, Apple TV 같은 플랫폼은 AI 알고리즘을 이용하여 사용자 맞춤형 콘텐츠를 제공한다. OTT에서 AI의 콘텐츠 분석은 아주 중요한데 시청자가 좋아하는 콘텐츠를 예측하고, 대규모 데이터를 수집 · 분석하여, 사용자의 선호도를 바탕으로 새로운 콘텐츠를 기획하는 데 바탕이 된다.

AI는 시청자의 취향, 위치, 행동을 분석하여 타겟 광고 제공이 가능하다. 이는 광고의 효율성과 광고 수익 증가로 이어지고 있다.

앞으로 OTT는 AI를 통해 시청자의 감정 분석, 시청 패턴, 시청 시간 등을 분석하여 더욱 정교한 맞춤형 콘텐츠를 제공할 것으로 보인다. 이는 시청자가 어떤 감정 상태일 때 어떤 종류의 콘텐츠를 선호하는지를 예측할 수 있음을 의미한다.

소셜 미디어는 사람들이 정보를 공유하고 소통하는 공간으로, AI는 콘텐츠 추천 및 필터링 작업을 통해 소셜 미디어에서 사용자가 좋아할 만한 콘텐츠를 추천하고, 관련성 높은 게시물을 우선으로 표시한다.

AI는 사용자가 게시하는 이미지나 영상, 댓글을 분석하고, 그에 맞는 콘텐츠를 자동으로 태깅하거나 필터링하는 데 사용된다. 결론적으로 소셜 미디어에서 AI는 사용자들의 글과 댓글을 분석하여 감정 상태를 파악하고, 최신 유행과 관심사를 예측하는 데 사용될 수 있다.

소셜 미디어에서 AI는 사용자 간의 상호작용을 더욱 개인화하고, 맞춤형 피드를 제공하면서, AI가 사용자 간의 댓글과 반응을 실시간으로 분석하여, 그에 맞는 콘텐츠를 추천하는 방식으로 진행되고 있다. 최근에는 가상 인플루언서를 생성하여, 특정 브랜드나 메시지를 전달하기도 하는데, 유튜브나 소셜 미디어서는 이미 AI가 생성한 가상 인플루언서들이 활동하고 있으며, 이러한 경향은 더 확대될 것으로 전망된다.

유튜브는 세계에서 가장 큰 비디오 플랫폼으로, AI는 유튜브의 콘텐츠 추천, 광고 타겟팅, 그리고 영상물 생성 등에 커다란 영향을 미치고 있다. 이러한 결과물은 AI 알고리즘을 통해 수집 · 분석되어 시청자가 선호하는 영상을 추천한다. 골프 콘텐츠를 본다면 자동으로 골프 관련 콘텐츠가 홈페이지 상위에 노출되는 방식이다. 이를 통해 시청자는 본인이 좋아할 만한 콘텐츠를 쉽게 발견하고 유튜브라는 플랫폼에 오랜 시간 동안 머물게 되는 것이다.

AI는 업로드된 비디오에 대해 자동으로 태그를 추가하거나, 커뮤니티 가이드라인에 맞지 않는 콘텐츠를 필터링하는 기능도 있다. 유튜버는 AI의 영상 도구를 사용해서 영상 편집, 자막 생성, 자동번역 등을 진행하면서 콘텐츠 제작의 효율성을 높이고 있다. 수익적인 측면에서 AI는 유튜브 구독자의 데이터를 분석하여 맞춤형 광고를 제공하고, 광고주의 ROI(return on investment)를 극대화하고 있다.

AI 기반 콘텐츠 생성 면에서 살펴보면, AI는 자동으로 짧은 클립을 생성하거나, 기존의 비디오를 다양한 스타일로 재편집해서 업로드를 수월하게 진행할 수 있도록 도움을 준다. 또한, 유튜브에서는 AI를 활용해 시청자의 감정 상태나 현재 기분에 맞춰 추천하는 심층적인 개인화 콘텐츠가 더욱 정교해질 것이다.

결론적으로 AI는 미디어 분야에서 혁신을 이끄는 핵심 기술로 자리 잡고 있으며, 각 플랫폼은 AI의 활용으로 더 세밀하고 정교한 서비스를 제공하고 있다. 뉴미디어 시장에서 AI는 콘텐츠 제작, 시청자 맞춤형 서비스, 광고 타겟팅 등에서 큰 비중을 차지하게 될 것이며, 미디어 소비 방식 자체를 변화시키는 혁신적인 도전을 몰고 올 것으로 예측된다.

AI의 발전은 콘텐츠 생산자와 소비자 사이를 실시간으로 반응하는 시스템을 이용해 심층적인 관계로 이어주며, 일상에서 미디어의 접근성과 활용성을 크게 높일 것이다.

이제 콘텐츠 제작에서 미디어 혁신을 이끌며 디지털 콘텐츠 제작 현장에서 실제 많이 사용하고 있는 생성형 AI를 통해 진행되는 미디어 혁신에 대해 구체적으로 파악해보자.

생성형 AI

생성형 AI(Generative AI)는 대량의 데이터를 기반으로 디지털 콘텐츠를 생성하는 기술을 의미한다. 컴퓨터 공학적으로 설명하면, 명령어를 통해 사용자의 의도를 스스로 이해하고, 원하는 작업을 자동으로 수행하여 새로운 콘텐츠를 만들어 내는 인공지능 기술이다. 다양한 분야에서 혁신을 일으키는 생성형 AI는 학습된 데이터를 기반으로 고품질 텍스트, 이미지 및 음악 작곡, 동영상, 시, 소설 등의 콘텐츠를 생성할 수 있는 딥 러닝 모델이다(김말희 외, 2023). 생성형 AI는 여러 분야에서 창작 도구로 활용되고 있으며 GPT-4, DALL-E, 미드저니 등에 기반한 AI 기술로 사용되고 있다. 이미 GPT-3의 활용 당시에도 소설 집필, 기사 작성, 문장 요약, 코딩, 음악 생성 등의 작업 대부분이 AI에 의해 수행되었다는 것을 일반인들이 알지 못할 정도의 수준이었다.

AI의 발전 방향은 생성형(Generative), 보편형(General), 다모드형(Multimodal)으로 진행된다. 첫째, 생성형은 생성을 통한 적용 공간으로 발전하는데, 정해진 디지털 공간에서 확장된 모든 디지털 공간으로, 그리고 디지털과 연결된 현실 공간으로 이어진다. 둘째, 보편형은 완성도 측면에서 발전한 것으로 간단 기능에 의한 보완적 역할에서 특정 기능을 대체하는 역할 그리고 보편적 인프라 역할로 진행된다. 마지막으로 최근 많이 회자되는 다모드형은 형태의 진화라고 표현할 수 있는 데, 챗GPT에서 LLM(Large Language Model)을 통해 이미지, 음성, 영상을 생성하고, 3차원 360도 영상까지 생성한다(한국지능정보사회진흥원. 2023). LLM은 트랜스포머라는 신경망 구조를 기반으로 한 자연어 처리모델이다. 기존에 순차적으로 처리해야 했던 데이터를 병렬로 처리할 수 있게 만들어 대규모 데이터세트를 효율적으로 학습할 수 있는 아키텍처이다. 트랜스포머는 여러 층의 '어텐션' 레이어로 이루어져 있다.

생성형 AI는 네 가지 모델로 구분된다. 첫째, 생성적 적대 신경망(GAN: generative adversarial network)은 비지도 학습에 사용되는 알고리즘으로, 두 개의 인공 신경망인 생성자와 판별자가 서로 경쟁하며 학습히는 방식이다. 둘째, 확산 모델(Diffusion model)은 데이터에 점진적으로 노이즈를 추가한 후 이를 다시 원래 상태로 복원하는 과정을 학습하는 모델이다. 새로운 이미지 창출이 가능하고, 생성 과정이 점진적이고, 제어도 가능하다. 달리와 스테이블 디퓨전이 이에 해당한다. 셋째, 변분 오토인코더(VAE: Variational autoencoder)는 데이터를 압축하고 다시 풀어내는 과정에서 새로운 것을 만들어 내는 AI모델이다. 흐릿한 사진을 선명하게 제작할 수 있으며, 기존의 음악을 새로운 유형의 음악으로 제작하는 것이 가능하다. 마지막으로 플로 기반 모델(Flow based model)은 복잡한 확률분포를 단순한 분포로 변환하고 이를 다시 역변환하여 데이터를 생성하는 방식이다(김용성, 2024).

생성형 AI 특징

생성형 AI는 딥 러닝 강화 학습을 기반으로, 데이터로부터 콘텐츠 또는 여러 특징들을 학습, 새롭고 창의적인 아웃풋을 도출하도록 알고리즘이 설계되어 있다.

생성형 AI의 특징은 자기 주도 학습, 비지도 학습, 이상치 탐지, 문제 해결 등으로 구분할 수 있다. 자기 주도 학습은 다양한 환경에서 효율적인 문제 해결이 가능한 자체 능력이 발전한 것으로, 프로그램 없이도 가능하다. 비지도 학습은 특정한 명령 없이 정답이 없는 데이터에서 AI 스스로 규칙을 발견하는 것이다. 이상치 탐지는 기존의 사전 지식을 바탕으로 결과가 예상치와 일치하지 않거나 범위를 벗어난 경우 스스로 데이터의 이상치를 탐지해서 적절하게 대응하는 것이다. 문제 해결은 학습한 경험을 바탕으로 과거와 유사한 문제들에 대해 색다른 해결책이나 접근 방식을 제시하여 문제를 해결하는 방식이다(한국지능정보사회진흥원. 2023).

생성형 AI 활용 및 전망

"생성형 AI는 획기적인 기술 발전으로 모든 산업을 재창조할 것"이라고 한 빌 게이츠(Bill Gates)의 말처럼, 방송 분야에서 향후 생성형 AI의 활용은 음악, 영상, 이미지 등 모든 분야에서 절대적인 위치를 차지할 것으로 보인다. 생성형 인공지능 기술은 활용 분야가 매우 광범위하고 다양한 만큼 사회적 파급력과 잠재적 위협이 매우 높은 기술로 인식되고 있다. 디지털 미디어 분야를 중심으로 활용 분야를 살펴보면, 초개인화(Hyper-Personalization) 서비스 분야는 개인 맞춤형 콘텐츠 추천, 콘텐츠 프로모션 등에 활용되고 있다. 대화형 인공지능 분야는 질문과 응답을 분석함으로써 사용자의 의도 파악을 정확하게 해낸다. 이를 기반으로 챗봇 및 대화형 인터페이스를 사용, 소비자와 커뮤니케이션을 통해 만족도를 향상시키는 데 활용하고 있다. 이미지 · 동영상 생성 분야는 미디어 산업에서 가장 많이 활용되고 있으며 Stable Diffusion, Imagen 및 Dall-E 등의 솔루션을 통해 합성 오디오,비디오 콘텐츠를 창의적이고 경제적으로 생성하는 데 큰 역할을 하고 있다(김말희 외, 2023). 방송 프로그램 제작 업무의 환경 변화는 프로그램 제작 순서, 제작 인력 등에 커다란 변화를 가져올 것으로 보이며, 프롬프트 엔지니어 직무처럼 새롭게 생겨나는 일자리도 많아질 것이다. 더 나아가 프로그램 자막 분석, 화면의 시각적 역동성 인식 기술, 장면 및 물체 인식 기술 등을 개발하고 현장에서 활용하는 인재가 필요할 것이다. 또한 제작물에 대한 시청자의 판단력과 이해력 그리고 제작자의 윤리적 문제점에 대한 인식 등으로 미디어 리터러시 전문가가 많이 요구될 것으로 보인다.

생성형 AI는 방송 산업뿐만 아니라 교육 분야, 의료 분야, 1인 미디어 분야 등 전반적인 사회구조에 변화를 몰고 올 것으로 예상된다. 인간에게도 어려운 창조의 영역을 이제 AI가 시도하고 있다. 생성형 AI는 데이터를 기반으로 독창적인 작품을 창조한다. 이는 예술가, 작가, 디자이너들의 생산성과 창의력을 높이고 새로운 아이디어를 발굴하는 데 도움을 줄 뿐만 아니라, 일반인들도 손쉽게 창의적인 콘텐츠를 제작하여 자신을 표현하고 소통할 수 있도록 도와준다(정명석, 2024). 작품성이 뛰어난 여러 작품을 학습하고, 각 작품들의 특징 등 요소들을 조합해 지금까지 없던 창작품을 만들어 내고 있다. 적대적 생성 네트워크(GAN: Generative Adversarial Network)를 사용한 데이터 생성은 응용 범위가 넓어 예술과 디자인의 영역으로까지 확대되었고, 인간의 감성과 AI 학습

능력을 결합함으로써 진가를 발휘하고 있다.

2020년 MBC에서 제작한 〈VR 휴먼다큐멘터리-너를 만났다〉는 '디에이징' 기술을 활용한 프로그램으로 그리운 사람(딸)을 소환해서 대화를 나누는 모습을 보여줘, 세간에 여러 이야기를 낳으며 화제가 된 생성형 AI 기술이다.

참고문헌

김말희 외(2023). 표현의 기술: 생성형 인공지능 기술. 정보통신기획평가원.

김용성(2024). 『AI 리터러시: 인공지능 필수지식부터 완벽한 활용까지』. 프리렉.

박주성 · 조민정(2023). 디지털 혁신의 성공 요인 및 AI 미디어에 미치는 영향에 관한 연구. ≪한국통신학회 학술대회논문집≫, 1064-1065쪽.

신동형(2023). 『챗GPT등장, AI as an Infra로서의 출발점. Digital Insight 2023』. 한국지능정보사회진흥원.

정명석(2024). 생성형 AI, 혁신적 비즈니스 모델로 미래를 창조. ≪주간기술동향≫, 2145.

05
AI와 제작 도구

AI 시대가 전개됨에 따라, 방송국, 프로덕션, 인플루언서, 유튜버 구분 없이 미디어의 혁신과 변화를 느끼고 있다. 이제 콘텐츠 제작물은 'AI 제작 도구 활용' 능력에 따라 현저한 격차가 벌어질 것이다. AI 환경에서 콘텐츠를 어떻게 만들어 내고 변화시키는가에 따라 과거와는 완전히 다른 제작물을 창작할 수 있는 시대가 되었다.

AI와 아이돌?

생성형 AI 콘텐츠 분류

글로벌 기업에서 출시된 디지털 콘텐츠 제작용 생성형 AI 서비스는 마이크로소프트의 코파일럿, 오픈AI의 챗GPT, 구글의 제미나이, 메타의 라마 등이 있고, 국내에는 네이버의 클로바X 등이 일반인들에게 널리 알려져 있다(이임복, 2024). 2023년 발표된 GPT4는 더 많은 매개변수(Parameter)로 훨씬 풍부하고 정교한 응답이 가능하다. 가상의 유튜브 채널, 데이터 분석이 가능하며, 이를 그래프로 시각화해서 보여준다. 또한 그림 그리기, 달리-3와 연동이 가능하다. 2024년 5월 발표한 GPT4o(여기서 'o'는 'omni', 즉 '무엇이든 가능한'을 의미)는 카메라를 켠 상태에서 현실을 인식할 수 있다.

이처럼 정말 믿기 힘들 정도의 기능을 갖춘 생성형 AI를 콘텐츠로 분류하면 대화형 · 텍스트 생성형 AI, 이미지 · 비디오 생성형 AI, 음성 생성형 AI 등으로 분류할 수 있다.

첫째, 대화형 · 텍스트 생성형 AI는 자연어 처리(NLP, Natural Language Processing) 기술을 기반으로 한다. 가장 많이 사용하는 모델은 Open AI의 GPT-3.5, GPT-4인데 대규모 언어 모델(LLM) 기반으로 인간과 유사한 방식으로 텍스트를 생성한다. 챗봇, 자동 응답 시스템 등에 활용하며, 창의적인 글쓰기, 코드 작성, 번역 등이 가능하다.

이외에 구글 제미나이(Gemini), Meta LLaMA, 클로드, 코파일럿, 클로바X, 노트북LM, 퍼플렉시티, 웍스AI 등이 있다.

둘째, 이미지·비디오 생성형 AI는 일상생활에서 또는 전문가의 작업실에서 사진이나 영상 속의 얼굴을 복제(face clone)해서 AI 아바타를 생성하거나, 이미지에서 얼굴의 특징을 추출하여 다른 이미지나 영상 속의 얼굴로 교체(face swap)하는 서비스에 많이 활용되고 있다. 이 서비스는 특정 이미지를 업로드하거나 몇 번의 마우스 클릭으로 가능하다. 이렇게 제작된 영상은 의외로 매우 정교해서 오랜 시간 동안 전문가가 작업한 것처럼 자연스럽다. 이미지 생성형 모델로는 비즈컴(Vizcom), 디자이너(Designer AI), 파이어플라이(Firefly), 이머시티 AI(Immersity AI), 스카이박스 AI(Skybox AI) 등이 있다.

동영상 생성 AI의 대표적인 모델은 오픈 AI 소라이다. 소라 이전의 Runway, Gen-2는 20초 영상 생성이 가능했으나 소라를 통해 텍스트를 입력하면 1분 길이의 동영상을 생성할 수 있다.

오픈AI가 2024년 2월 공개한 동영상 제작 AI 소라(SORA)는 프롬프트 입력창에 복잡한 코딩 언어가 아닌 자연어를 입력하면 원하는 영상이 구체화되어 표현된다(최기원, 2024). 소라는 입력된 글을 꼼꼼히 분석해서, 주제, 장소, 시간, 등장인물, 분위기 같은 핵심 키워드를 검색한 후 방대한 동영상 모음집에서 해당 키워드와 잘 어울리는 동영상 조각(패치)들을 찾아낸다. 그리고 '트랜스포머 모델(Transformer Model: 문장 속 단어와 같은 순차 데이터 내의 관계를 추적해 맥락과 의미를 학습하는 모델)'과 '일반 세계 모델(General World Model: AI에게 물리적 세계의 법칙을 이해하도록 학습시키는 모델)'을 통해 동영상을 생성한다. 소라 발표 후 영화계, 광고계는 큰 충격에 빠졌는데, 직장, 학교 등 현실에서 가장 많이 사용하는 AI 도구로서, SNS와 동영상 숏폼에서 활성화되고 있다.

소라의 대표적 기능으로는 영상의 앞, 뒷부분을 생성하는 기능, 원본 영상을 특정 시대로 변환하는 기능, 아울러 서로 다른 영상을 자연스럽게 이어주는 영상 통합 기능 등이 있다. 이외에 다른 동영상 제작 소프트웨어로는 DALL-E, 미드저니, 드림머신, 클링AI(Kling AI), HeyGen, 브루(Vrew), capcut 등이 있다(김용성, 2024).

셋째, 음성 생성형 AI가 현재 국내외 음악계에 미치는 영향은 상상을 초월한다. 요즘에는 일반인이 Suno AI로 쉽게 작사 작곡을 하고 본인이 원하는 목소리를 선택해서 AI 가수가 노래하는 단계에까지 이르렀다. 2024년 3월 오픈AI 사는 자사의 블로그를 통해 보이스 엔진(Voice Engine)의 개발을 발표했다. 이것은 텍스트 입력과 더불어 15초의 오디오 샘플을 사용하여 원래의 화자와 매우 유사한, 감정적이고 자연스러운 음성 생성이 가능하다(유주현, 2024).

음성 생성형 AI 모델인 엠퍼뮤직은 음악을 작곡할 수 있고, 목소리와 배경음악이 있는 음원, 그리고 AI 모델을 이용하여 목소리를 변환, 커버 곡을 생성할 수 있다. 엠퍼뮤직은 블로그, 소셜 미디어 운영에 많이 활용되고 있다.

음성 생성형 AI의 기능을 살펴보면, 음성합성 기술, 자동 통역 기술, 음원 · 화자 분리, 음성 생성 등이 있다. AI 모델을 통한 음성 복제(voice cloning) 작업은 이제 손쉬운 작업으로 가능해졌다. 음성 복제는 음성합성을 통해 음성을 모방하는 기술로, 사람의 음성, 음색, 음조, 악센트까지 복제 가능하다. AI 커버 곡은 딥페이크 기술을 이용하여 등장인물의 얼굴을 전혀 다른 얼굴로 커버

하는 Swapface로 영상을 만들고, Vocal remover와 RVC GUI를 이용하여 목소리를 변환하기도 한다(민지영 외, 2024).

미디어 제작 도구

미디어 분야에서 사용 가능한 AI 도구들은 분야별로 많은데, 다양하고 수많은 작업을 자동화하거나 효율성을 높이는 데 도움을 주고 있다. AI 도구는 미디어 콘텐츠 제작과 편집 등 여러 단계에서 활용되고 있으며, 이에는 텍스트 생성, 이미지 및 비디오 편집, 음성인식, 데이터 분석, 자동화된 마케팅 도구 등이 포함된다. 이제 미디어에서 유용하게 사용할 수 있는 주요 AI 도구들을 살펴보자.

첫째, 글쓰기(Writing)에 적합한 AI 도구인 ChatGPT는 자연어 처리 기술을 바탕으로 한 대화형 AI로, 글쓰기, 아이디어 생성, 문법 검사 등 다양한 글쓰기 작업을 돕는다. 블로그 글, 기사 작성, 소설, 이메일 작성 등에서 폭넓게 사용된다. 텍스트 기반 콘텐츠를 작성하는 데 매우 유용하다.

GPT-4는 1조 7천억 개의 파라미터(Parameter: 인간의 뇌세포와 뇌세포를 연결하는 시냅스)를 사용해서 기사 작성, 블로그, 소셜 미디어 콘텐츠 등을 쉽고 빠르게 작성할 수 있다. 인간은 100조 개 정도로 알려져 있다(박영선 외, 2024).

Jasper AI는 마케팅 콘텐츠, 블로그, 광고 문구 등 다양한 형태의 텍스트 콘텐츠를 생성할 수 있는 AI 도구로, 사용자의 요구에 맞는 글을 빠르게 작성할 수 있다.

Writesonic은 자동화된 글쓰기 도구로, 최적화된 콘텐츠나 블로그 글을 빠르게 작성할 수 있다. Grammarly는 문법 및 스타일을 검사해 주는 AI 도구로, 텍스트의 문법적 오류를 수정하고 더 나은 글쓰기를 돕는다. 영어 글쓰기에서 주로 사용되고 있다.

둘째, 이미지 생성에 많이 활용하는 DALL · E는 사용자가 제공한 텍스트 설명을 바탕으로 창의적인 이미지를 생성할 수 있는 도구로, 사용자의 입력에 따라 고유한 스타일의 이미지를 창출할 수 있어 예술 및 디자인 분야에서 매우 인기가 많다. 콘텐츠 제작 시 독창적인 이미지를 빠르게 만들 수 있는 도구다(김용성, 2024).

MidJourney는 텍스트 프롬프트를 바탕으로 고품질의 이미지를 생성하는 도구로, 창작 예술, 광고 디자인 등에 가장 많이 사용되고 있다.

DeepAI는 이미지 생성 및 변환을 통해 창의적인 미디어 콘텐츠를 만들 수 있다.

Runway ML은 비디오 편집 및 생성 도구로, AI 기반으로 비디오 효과, 텍스트 인식, 오브젝트 추적 등을 지원한다. 콘텐츠 창작 작업에 유용하게 사용할 수 있다.

Pikazo는 일반 사진을 피카소, 반 고흐 등의 예술적인 스타일로 이미지를 변환하거나 새로운 시각적 콘텐츠를 생성할 수 있는 도구다.

Stable Diffusion은 텍스트를 바탕으로 다양한 스타일의 이미지를 생성할 수 있는 오픈소스 AI 도구로, 디자인 작업이나 아트워크에 사용된다.

셋째, 비디오 편집 도구인 Adobe Sensei는 Adobe의 AI 플랫폼으로, 이미지 및 비디오 편집을 돕는 다양한 도구들이 포함되어 있어 얼굴 인식, 장면 분석 등을 통해 편집 작업을 할 수 있다.

Magisto는 AI 기반 비디오 편집 도구로, 자동화된 비디오 편집 및 스타일링 기능을 제공한다. 이를 통해 사용자는 간단하게 영상 콘텐츠를 만들 수 있다.

넷째, 음성인식 및 텍스트 변환 도구인 Otter.ai는 음성을 텍스트로 변환하여 기록하고, 필요한 부분을 쉽게 찾아볼 수 있는 도구다. 회의, 인터뷰, 팟캐스트 등의 오디오 파일을 텍스트로 전환할 때 필요한 유용한 도구다.

Sonix은 자동 자막 생성 및 편집 기능을 제공하는 AI 도구로, 오디오, 비디오 파일을 빠르게 텍스트로 변환한다. 돋보이는 장점은 다국어 번역 기능으로, 제작된 영상을 번역해서 해외로 배포할 때 유용하다.

다섯 번째, 뉴스 생성 및 분석 도구인 Wordsmith는 AI를 활용하여 데이터를 기반으로 자동으로 기사나 보고서를 생성할 수 있는 도구로, 인터넷 언론사에서 활용도가 높다. 특히 금융, 스포츠, 비즈니스 뉴스 등의 분야에서 기사를 자동화하는 데 유용하다.

Automated Insights는 데이터를 바탕으로 실시간 뉴스 기사를 생성할 수 있는 AI 도구다. 스포츠, 금융, 부동산 관련 뉴스 생성에 많이 사용된다.

여섯 번째, 디자인 작업 도구인 Canva는 디자인 초보자도 쉽게 사용할 수 있는 그래픽디자인 도구다. AI 기반의 템플릿을 제공하고, 자동화된 디자인 기능을 지원한다.

Fotor는 기존 이미지를 만화 주인공 캐릭터 느낌의 이미지로 편집하는 기능을 지원, 포스터 및 소셜 미디어 콘텐츠 등을 손쉽게 만들 수 있는 도구다.

일곱 번째, 동영상 생성 도구를 활용한 영상 제작의 가장 큰 장점은 과거에 삽화나 사진으로 대체하던 기획안,

광고 시안 등을 실제와 유사한 영상으로 검토할 수 있다는 점이다. 이 점은 AI가 영상 제작 시간을 절약하고, 실제 제작비 절감 효과를 가져 오는 경제적인 장점이 있다.

Runway AI는 동영상 편집 도구로, 비디오의 자동 편집, 스타일 변경, 텍스트에서의 비디오 생성이 가능하며, 크리에이터와 마케팅 전문가들이 주로 사용한다.

Pictory AI는 텍스트를 바탕으로 동영상을 자동으로 생성하는 도구로, 블로그 글이나 기사 내용을 동영상 콘텐츠로 변환하는 데 유용하다.

Adobe Premiere Pro는 AI 기반의 여러 기능을 포함하고 있다. 프레임을 추가하고, 어색한 컷을 삭제하는 것이 가능하며, 배경음악의 길이를 조절하는 작업도 가능하다. AI는 자동화된 색 보정, 오디오 편집, 클립 분할, 캡션 등의 작업을 수행하는 데 워크플로우 속도를 높이며 영화 및 영상 제작 분야에 혁신을 불러오고 있다.

여덟 번째, AI는 음악 작사(Lyric Writing)와 작곡(Music Composition)에서 아주 많이 활용되고 있다. 작곡가들에게는 빈약한 상상력을 자극, 창의력을 발휘해서 창작과정을 빠르고 효율적으로 진행하도록 도움을 준다.

OpenAI's MuseNet은 클래식 음악에서부터 현대 음악에 이르기까지 다양한 장르의 음악을 작곡할 수 있는 AI 도구로, 작사뿐만 아니라 작곡도 함께 지원한다.

Amper Music은 음악 작곡을 위한 AI 도구로, 작사도 지원하는 경우가 많다. 간단한 텍스트 프롬프트로 음악을 만들 수 있다.

Jukedeck는 AI를 활용하여 맞춤형 음악을 자동으로 생성하는 도구로, 주로 영상 제작사들이 배경음악을 만들 때 사용한다. Amper Music은 사용자가 원하는 스타일에 맞춰 음악을 생성할 수 있는 AI 도구로, 작곡과 작사 모두 지원한다.

아홉 번째, 가수(Vocal AI)는 이제 수많은 AI 가수들의 출현으로 우리에게도 익숙하다. 음성형 AI의 경우도 오디오 클론 기술을 적용하면 예전에는 음악을 받을 때 가이드 보컬이 실제로 노래했지만, 지금은 보컬로이드라든지 여러 프로그램을 써서 음역대를 자유자재로 조정해서 음악을 받아볼 수 있다(송현호, 2023). 음악 전문가들도 여러 테스트를 위해 장르별 목소리, 남녀 성별, 연령대별, 음악 장르별, 분위기 등에 따라 수많은 종류의 AI 목소리를 선택해서 신곡 녹음 작업에 사용하고 있다. 실제 가수가 아닌 AI 가수로 수많은 종류의 AI 목소리를 선택해서 곡의 분위기에 딱 들어맞는 가수를 찾는 데 활용하고 있다.

Vocaloid는 일본에서 개발된 보컬 합성 소프트웨어로, 가상의 가수를 만들어 음성을 생성할 수 있다. 다양한 캐릭터와 스타일이 있으며, 음악 창작자들이 많이 사용하고 있다.

Synthesizer V는 Vocaloid의 후속 프로그램으로, 보다 자연스러운 가창을 지원하는 AI 기반의 보컬 합성 도구다. 다양한 언어를 지원하며, 사용자가 원하는 스타일로 보컬을 조정할 수 있다(김덕진, 2025).

지금까지 언급한 것처럼 AI 기술은 콘텐츠 제작 및 소비 방식에 혁신을 가져와 사용자 경험을 새롭게 정의하고 있다. 이외에도 미디어 콘텐츠 제작에 AI를 활용한 다양한 도구들이 존재하며 제작, 편집, 분석 및 마케팅 등 모든 단계에서 AI를 적극적으로 활용하고 있다. AI 도구들은 디지털 미디어 분야에서 콘텐츠 제작에 발생하는 시간과 비용을 절감하며, 창의적인 작업을 더욱 효율적으로 제작하는 데 도움을 준다.

참고문헌

김덕진(2025). 『AI 2025』. 스마트북스.

김용성(2024). 『AI 리터러시: 인공지능 필수지식부터 완벽한 활용까지』. 프리렉.
민지영 외(2024). 『AI 영상제작』. 길벗.
박영선 외(2024). 『AI 신들의 전쟁』. 베가북스.
송현호(2023). AI · 디지털 기술 변화가 가져올 미디어 · 콘텐츠 산업변화, 한국방송통신전파진흥원.
유주현(2024). 『생성형 AI 시대, 생체인식 기술의 기회와 도전』. 한국지능정보사회진흥원.
이임복(2024). 『업무시간을 반으로 줄이는 AI 활용법도전』. 천그루숲.
최기원(2024). 『아는 만큼 보이는 AI』. 길벗.

06

AI와 콘텐츠 제작

디지털 콘텐츠는 미디어라는 그릇을 통해 창작자와 시청자가 함께 공유하는 문화적 창작물로, 시청자의 감정에 무언가를 남기는 것이다. 스토리보드로 기획안을 만들던 시대는 지났다. 이제는 Stable Diffusion, Midjourney, Sora 같은 AI 도구를 사용해 현실감 있고 수준 높은 콘텐츠를 제작하는 시대다.

AI와 야구?

콘텐츠 생성

변화하는 미디어 환경에서 AI의 출현은 특히 콘텐츠 제작의 자동화와 개인화된 콘텐츠 추천의 보편화에 커다란 영향을 미쳤다. 콘텐츠 제작의 자동화 부분에서는, AI는 1인 미디어 창작자들이 콘텐츠를 더 빠르고 효율적으로 제작할 수 있도록 했다. 자연어 처리(NLP), 컴퓨터 비전, 생성 AI 등을 활용해 영상, 이미지, 텍스트 콘텐츠를 과거에 비해 보다 쉽고 편리하게 제작하는 환경이 갖추어졌다. 이러한 기반 아래 1인 미디어 창작자들은 콘텐츠 제작 과정에서 시간과 자원을 절약할 수 있게 되었고, 양질의 콘텐츠를 생산하게 되었다.

개인화된 콘텐츠 추천 부분에서는, AI 알고리즘은 사용자 데이터를 분석해 개인 맞춤형 콘텐츠를 추천한다. 유튜브, 인스타그램, 틱톡 같은 플랫폼에서 AI는 사용자의 시청 이력, 선호도 등을 분석하여 더 나은 추천 결과를 제공한다. 이 점은 1인 미디어 창작자들의 콘텐츠와 이에 반응하는 시청자가 원활하게 연결되도록 지원한다.

콘텐츠 수용자는 본인의 감정 상태와 동기 요소에 따라 콘텐츠를 받아들이는 반응과 정보처리가 다르다. 시청자는 콘텐츠 내용에 대한 정보를 처리할 때, 본인의 기억 속에 저장된 내용들을 기반으로 정보를 해석함과 동시에 제시된 자극들의 특성과 조직화 원리에 따라 정보를 해석하게 된다. 이 점은 콘텐츠를 접하는 순간, 지식, 취향, 상황적 맥락, 경험 등 여러 요소에 의해 이해와 해석이 달라진다(안은미, 2014).

인공지능의 도입은 시청자에게 콘텐츠가 어떤 매체를 통해 노출되었는지, 얼마나 반복 시청되는지, 어떤 자극과 함께 노출되었는지에 대한 자료 분석을 통해 맞춤형 콘텐츠를 제공할 수 있는 알고리즘을 제공한다. 콘텐츠 제작 실무에서는 연출가가 생각하지 못했던 표현과 구성, 편집을 구현해 내기도 한다. 이제는 연출가 또는 창작자의 경험에 의존해 콘텐츠를 기획하는 것이 아니라, 시청자의 니즈(Needs)를 파악하고 숨어 있는 욕구를 반영해서 제작해야 한다(변용수, 2023). AI의 등장은 디지털 콘텐츠 제작 분야에서 기존의 제작 시스템을 해체시키며 새로운 시장과 새로운 직업군을 만들어 가고 있다.

AI 기술이 1인 미디어에 미치는 영향 중에서 가장 눈에 띄는 것은 뉴스 콘텐츠다. 해외 주요 통신사인 로이터, AP는 단계적으로 AI를 이용해 뉴스 기사를 작성하고 있다. BBC는 AI 기반 음성인식 기술을 사용하여 방송 프로그램의 자막을 자동으로 생성한다. 이를 통해 실시간 자막을 제공하여 청각장애인 시청자의 접근성을 높이는 데 기여하고 있다. ESPN은 AI를 활용하여 실시간으로 스포츠 경기 데이터를 분석하고, 이를 바탕으로 기사를 작성하거나 방송 콘텐츠를 기획하고 있다. 블룸버그(Bloomberg)는 사이보그 시스템을 사용하여 금융 데이터를 실시간으로 분석하고, 이를 기반으로 기사를 자동 생성 및 편집하고 있다.

다양한 정보처리와 무선통신이 가능한 환경에서 AI를 활용한 뉴스 콘텐츠 생성은 편리성, 효율성, 비용 절감 등의 장점으로 인해 확산의 시기를 넘어 필수 요소가 되어 가고 있다. AI는 기존의 블로그 포스트, 기사 등을 대량으로 빠르게 검색하고, 언어 모델 AI는 자동으로 글을 작성한다. 더 많은 수의 콘텐츠 기사를 더 적은 비용으로 생산하는 혁신이 신문사, 방송국 등 전 세계 미디어 분야에서 일어나고 있다.

할리우드의 여러 영화 스튜디오에서는 AI를 활용하여 영화 예고편을 제작하고 있다. 실제로 IBM의 왓슨(Watson)은 공포 영화 〈모건(Morgan)〉의 예고편을 편집하는 데 사용되었는데, 왓슨은 영화를 분석하고 가장 스릴 넘치는 장면을 선택해서 예고편을 제작했다.

콘텐츠 큐레이션

유튜브와 SNS는 AI 기술, 특히 머신 러닝과 딥 러닝을 활용하여 소비자가 관심을 가지는 콘텐츠를 추천한다. 유튜브는 사용자의 이전 시청 기록, 구독한 채널, 좋아요, 댓글 등을 분석하여 개인화된 동영상을 추천하며, 페이스북과 인스타그램도 소비자의 취향과 행동을 분석하여 게시물을 제공하는 알고리즘을 운영한다.

이러한 추천 알고리즘은 소비자의 참여를 증가시키고, 플랫폼에 머무는 시간을 늘리는 데 중요한 역할을 한다. 결과적으로, 추천 시스템이 정확할수록 사용자는 증가하고, 콘텐츠를 더 많이 소비하게 되어 플랫폼의 수익 증가로 이어진다.

소셜 미디어에서 AI 기반 추천 알고리즘은 사용자가 한 번이라도 관심을 보인 콘텐츠가 있다면 기존의 시청 기록과 선호도 등을 분석해서 자동으로 소비자에게 적합하다고 판단되는 콘텐츠를 제공한다.

콘텐츠 큐레이션의 장점은 사용자가 예전보다 더 많은 시간을 플랫폼에 머문다는 점이다. 소비자의 성향과 행동을 분석해 콘텐츠를 추천하는 것은 개인화된 경험을 제공하는 것이어서 개인정보 유출, 사생활 침해 등 논란의 여지가 많다. 그러나 콘텐츠 생산자 측면에서는 소비자의 참여도가 높아지는 긍정적인 결과를 만들어 낸다.

생성형 AI와 디지털 콘텐츠 제작

생성형 AI를 사용해 창작자의 의도대로 콘텐츠를 생성하기 위해서는 컴퓨터에 정확한 내용을 지시해야 한다. 이처럼 컴퓨터에 질문이나 지시하는 문장과 단어를 프롬프트라고 한다. 또한, 생성형 AI 연구회에서는 생성형 AI 또는 LLM으로부터 응답을 생성하기 위한 입력값 '명령어'를 프롬프트라고 한다.

창작자가 원하는 콘텐츠를 얻기 위해서는 '프롬프트'를 통해 설계하고 지시하면서 소통하는 것이 중요하다. 딥 러닝 모델은 자연어 처리(NLP)를 통해 자동으로 텍스트를 분석하고, 사용자에게 적합한 자막이나 번역을 제공한다.

창작자들은 AI를 통해 시청자 행동 분석, 시청자 세분화 작업, 콘텐츠 최적화, 맞춤형 콘텐츠 추천 등 많은 도움을 받을 수 있다. 실제로 AI는 미디어 콘텐츠 제작에서 거의 모든 프로세스에 도입되어 활용되고 있다. 그 내용을 단계별로 어떻게 적용하고 있는지 정리해 보았다.

기획 단계에서는 그동안 수집한 데이터를 분석해서

콘텐츠 소재를 발굴하고 창작물의 시나리오를 작성한다. 본격적인 콘텐츠 제작 단계에서는 텍스트의 변환 작업, 음성합성 작업, 영상 생성, 음원 생성 작업, 색 변환 작업 등이 있다. 편집 단계에서는 영상을 분석하고, 가편집은 물론 최종본의 예고편 제작이나 하이라이트 제작에 AI 모델을 활용하고 있다.

유통 단계에서는 유해 콘텐츠를 분류하는 작업, 최적화 콘텐츠 추천, 유해물 필터링 작업을 한다. 홍보 단계에서는 기사 작성과 소셜 미디어용 홍보 콘텐츠 작성, 쇼츠 콘텐츠 제작에 사용하고 있다. 소비 단계에서는 소비자 감정 파악과 소비자의 콘텐츠 소비 패턴을 분석하고, 맞춤형 콘텐츠를 제공한다(김광호 외, 2020).

AI 기술을 이용해서 콘텐츠를 제작하기 위해서는 명확한 목적을 설정해야 한다. AI에게 불명확한 요구를 하면 결과물도 두리뭉실하게 기준치 이하로 도출된다. 창작자는 원하는 목적을 세밀하고 구체적으로 설정해야 한다. 콘텐츠 제작에 활용할 기본 데이터 준비 과정에서도 내용이 편향되어 있는지 확인해야 한다. 또한 과거의 데이터로서 가치가 떨어지는지 등 양과 질적인 측면에서도 점검할 필요가 있다. 특히, 학습 데이터만 너무 많이 학습해 새로운 데이터를 처리하지 못하는 과적합 문제가 발생하니 주의가 필요하다(한규동, 2022). 최적화 문제를 해결할 때 AI는 최신 데이터를 기반으로 한 정보가 많아야 한다. 이런 문제들이 충족되지 못하면 쓸모없는 AI 모델, 즉 무의미한 콘텐츠가 제작될 우려가 있다.

AI는 콘텐츠 필터링 및 모니터링에도 사용되는데, 대부분의 SNS에서 AI를 활용하여 부적절한 콘텐츠를 자동으로 식별하고 삭제하거나 경고하는 시스템을 운영하고 있다. 유튜브에서는 딥 러닝을 사용하여 동영상 콘텐츠를 분석하고, 얼굴 인식이나 객체 인식을 통해 특정 콘텐츠를 검색할 수 있도록 한다. SNS에서도 이미지 분석을 통해 태그 자동 생성, 이미지 내용 인식 등을 수행한다. 이러한 AI의 기능을 통해 창작자가 커뮤니티 가이드라인을 준수할 수 있도록 하며, 법적인 문제와 윤리적 문제를 사전에 방지하기 위해 노력하고 있다.

콘텐츠 제작 방식의 변화

텔레비전이 드라마, 서부극, 코미디, 미스터리 등 영화 장르들을 재매개한 것처럼, 하나의 미디어가 다른 미디어의 테크놀로지, 표현 양식, 사회적 관습 등을 차용하거나 개선, 개조하여 자신의 것으로 만들어 내는 재매개(이재현, 2008)는 AI 시대에도 진행되고 있다.

기존 미디어 플랫폼의 경우, 스포츠 경기, 금융 보고서 등 데이터 중심 뉴스를 AI 머신 러닝 모델을 사용해 자동으로 작성하고 있다. 여기에 기존의 텍스트 기반 기사 형식을 유지하면서도 데이터 시각화를 자동으로 작성하는 기능까지 활용되고 있다.

영화 산업에서는 오래된 필름을 AI 기반으로 복원하여 현대의 4K, 8K 해상도로 변환하는 작업인 영화 복원 작업이 진행되고 있다. 최근에는 딥 러닝 기반의 GAN (Generative Adversarial Networks)를 사용해서 필름의 노이즈를 제거하고 색상을 복구하며 원본 영상이 낮은 프레임 비율로 제작된 경우 키프레임 보간(Keyframe Interpolation) 작업을 진행한다. 결과물은 고전 영화의 아날로그적 느낌을 유지하면서 디지털 환경에 적합한 품질로 변환하는 것으로, 이로써 전통적인 영화 경험을 현대 관객에게 친숙한 방식으로 재구성해서 보여준다.

유튜브 콘텐츠에서 재매개 사례를 보면, 기존의 실제 인물이 주도했던 유튜브 콘텐츠를 AI로 생성된 가상 인물로 대체한 AI 기반 버추얼 유튜버(Virtual YouTuber)가 있다. '버추얼 유튜버'는 컴퓨터 그래픽으로 제작된 가상의 캐릭터지만 실제 크리에이터 같이 독자적인 유튜브 방송 채널을 통해 다양한 콘텐츠를 생산하고 방송하는 새로운 개념의 창작자다. 현재 유튜브에서 활동하는 버추얼 유튜버는 모션 캡처와 딥 러닝 기술을 사용해 실제 사람처럼 반응하고 콘텐츠 제작자로 활동한다. 다른 AI 기술인 딥페이크 기술과 음성합성을 결합하여 만든 가상 캐릭터는 팬들과의 자연스러운 커뮤니케이션으로 새로운 시청자 층을 확보하고 있다.

인공지능 기술을 이용해 만든 가짜 영상인 딥페이크(Deepfake)는 영상을 보는 사람들이 이를 실제 영상으로 인식할 정도로 완성도가 높아졌다. 이제 이러한 영상은 딥 러닝 기술의 발달로 일반인과 학생조차도 쉽게 인공지능 프로그램을 사용해 제작하는 시대가 되었다.

그럼 사회적 문제로 부상할 정도로 발전하고 있는 딥페이크를 활용한 제작 방식을 분야별로 간단히 살펴보자.

영화나 드라마에서 배우의 얼굴을 교체하거나 영화 후반 작업에서 주연 배우가 촬영할 수 없는 장면이 있을 때, 대역의 얼굴을 주연 배우의 얼굴로 교체하는 데 사용되기도 한다.

마케팅 캠페인에서는 다양한 시각적 실험이 가능한데, 광고 영상에서 모델이나 유명 인물의 얼굴을 교체하여 브랜드의 메시지를 더 효과적으로 전달하거나, 특정 고객층에 맞는 얼굴로 맞춤형 광고를 제작할 수 있다. 실제로 유명 인플루언서의 얼굴을 브랜드 마스코트와 결합하여 독특한 광고 영상을 제작하기도 한다.

소셜 미디어 콘텐츠 분야에서는 유튜브, 틱톡 등의 플랫폼에서 사용자들이 재미있는 콘텐츠를 제작할 수 있으며, 유명 인물과의 페이크 인터뷰, 유명 캐릭터로 변신하는 영상 등 다양한 형태로 응용해서 영상 콘텐츠를 제작하기도 한다.

게임 또는 애니메이션에서는 캐릭터의 얼굴을 현실 세계의 사람들과 일치시키기도 하는데, 유저들은 본인의 얼굴이나 유명 인물의 얼굴을 게임 캐릭터에 입혀 더 높은 몰입감으로 게임을 할 수 있다.

교육 과정에서도 다양한 응용이 가능한데, 예를 들면 역사적인 인물의 얼굴을 현대인으로 교체하여 만든 디지털 재현물을 통해 가상 인터뷰를 만들거나 특정 상황에서 인물 대체를 통해 가상 시나리오 교육에 응용할 수 있다.

AI가 레거시 미디어 작업환경에 변화를 준 부분을 살펴보자. 숏폼 제작에 최적화된 AI 영상 편집 도구인 캡컷(Capcut)을 사용해 기존 콘텐츠를 재편집해서 숏폼 콘텐츠를 제작하고, 이를 인스타그램, 틱톡, 유튜브 등에 업로드하고 있다. 이러한 작업에 챗GPT로 숏폼 콘텐츠 스크립트 작성하기, D-ID로 말하는 AI 아바타 만들기, 음성 분석으로 음성인식 자막 만들기 등 여러 작업에 AI를 사용하고 있다. D-ID는 AI를 사용하여 사진이나 아바타를 만들어 대본을 입혀 말하게 만드는 AI 영상을 제공하는 플랫폼이다.

AI 음성인식 기술은 STT(speech-to-text), TTS(text-to-speech) 변환이 자유로운 기술이 개발되었으며, AI 이미지 인식 기술, AI 영상 편집, AI 출판과 미술, AI 아나운서 등 여러 분야에서 AI 전문 기술을 사용해서 콘텐츠를 제작하고 있다(김광호 외, 2020).

AI 기술에서 가장 널리 알려진 세 가지를 꼽자면 영상 복원 기술, 딥페이크, 악플 제거 기술이다. 심층 학습을 통해 만들어진 딥페이크는 사진과 동영상 모두 뭐가 진짜인지 구분하기 어렵다. 일례로, 얼마 전 미국 대통령 선거와 모 유명인사의 페이크 포르노 동영상 딥페이크는 사회에 커다란 파문을 일으키기도 했다. 악플 제거를 위한 플랫폼의 사례를 보면, 네이버의 악플 탐지 AI 클린봇, 인스타그램의 AI 활용 댓글 취소, 페이스북의 가이드라인 제정 등을 들 수 있다.

지금까지 미디어 제작에 필요한 분야별 AI 도구들을

정리해 보았다. 이제는 제작 현장에서 언급된 AI 도구를 활용한 '1인 제작 시스템'이 실제로 가능하다는 생각이다. 바야흐로 연출자, 기술감독, 촬영감독, 음향감독, 조명감독, 그래픽디자이너, 특수효과, 자막 작업 등 전문 분야 구분과 직장 내 직무 사이의 벽이 허물어져 가고 있다. 미디어 분야에서의 AI 도구의 등장으로 이제는 누구나 기초 지식을 바탕으로 여러 번 영상물 제작을 시도할 수 있고, 어느 정도의 품질을 갖춘 영상물을 제작할 수 있게 되었다.

이제 미디어 콘텐츠 제작은 〈오징어 게임〉처럼 거대 자본의 OTT 플랫폼과 시스템을 구비한 제작자와, 콘텐츠 기획력과 디자인 감각에 AI 도구 활용 능력을 갖춘 창작자로 양분될 것으로 본다. 이 시점에서 1인 미디어 창작자가 미디어 콘텐츠 제작에서 차지하는 포션(portion)과 역할은 더욱 중요해질 것이다.

참고문헌

김광호 외(2020). 『AI 시대의 미디어』. 북스타.

변용수(2023). 『1인 미디어』. 커뮤니케이션북스.

안은미(2014). 『미디어콘텐츠의 수용』. 커뮤니케이션북스.

한규동(2022). 『AI 상식사전』. 길벗.

Bolter, J. D. & Grusin, R.(1999). *Remediation: Understanding new media*. Cambridge, MA: The MIT Press. 이재현 옮김(2008). 『재매개』. 커뮤니케이션북스.

07
AI와 미디어 플랫폼

AI가 미디어 플랫폼에 미치는 변화와 콘텐츠 제작에 주는 영향은 지상파방송사, 케이블TV, 위성방송, IPTV, 유튜브, OTT(넷플릭스) 등 다양한 플랫폼에서 뚜렷하게 나타나고 있다. AI 기술 도입으로 막강한 영향력을 갖춘 글로벌 미디어 플랫폼의 변화에 대한 대처 방안을 찾아야 한다.

AI와 운동주?

미디어 플랫폼 현황

플랫폼(platform)은 서로 만나고 연결되는 공간이다. 미디어 플랫폼은 이처럼 콘텐츠 생산자와 소비자 그리고 소비자와 소비자가 특정 공간에서 만나 콘텐츠를 공유하는 공간이다(변용수, 2023). 미디어 플랫폼마다 각각의 특징이 있어 콘텐츠 유형과 마케팅 전략에 따라 창작자에게 적합한 미디어 플랫폼을 선택하면 된다. 그곳에서 우리는 콘텐츠를 소비만 하는 것이 아니라 상호 간 콘텐츠의 업로드와 유통으로 콘텐츠의 힘과 다양한 연결성으로 수많은 창작자가 출현하고 플랫폼이 확대되는 현실을 목격하고 있다.

레거시 미디어인 텔레비전, 라디오, 신문, 영화 등은 소비자가 콘텐츠를 즐기기 위해 특정 물리적 공간이나 특정 기기를 통해야 했다. 그러나 IT 기술의 발전으로 인터넷을 이용한 온라인 공간에서의 콘텐츠 교류가 가능해졌다. 이로써 네이버, 다음, 네이트, 구글의 인터넷 포털 서비스를 통한 블로그, 카페 등 가상공간이 미디어 플랫폼의 역할을 담당해 왔다.

이제 여러 미디어 플랫폼 중에서도 미디어 콘텐츠를 제작하는 플랫폼을 중심으로 AI가 미디어 플랫폼에 미치는 영향에 대해 살펴보고자 한다.

2022년 방송통신위원회에서 발표한 "방송사업자 시청점유율 산정 결과"를 보면 지상파 KBS 22.3%, MBC 10.5%, SBS 7.8%로 나타났다(김상균, 2024). 과거의 독점적 지위를 상실하고 있는 현실에서 지상파방송은 자체적으로 제작비 절감과 여러 사정으로 프로그램 기획 단계에서부터 장르별로 AI 도구를 다양하게 활용하고 있다.

지상파에서 AI를 활용하고 있는 사례를 보면 기존의 50회 정도의 프로그램을 2시간 분량의 영화로 변경 제작하거나, 5분 이하의 쇼츠 영상으로 제작하고 있다. 또한 기존 드라마, 예능 프로그램을 AI 번역기를 통해 다국어로 제작해 OTT 플랫폼에 업로드해 전 세계 시청자를 대상으로 서비스하고 있다.

AI를 활용해서 뉴스 대본을 작성하고, 음성합성 기술로 앵커를 대체하는 것은 물론이고, 뉴스에 삽입되는 자막을 기자의 목소리를 듣고 자동으로 생성하기도 한다. 뉴스의 특성상 아직까지는 초기 단계에서만 AI를 활용하고, 최종 단계에서는 각 분야별 데스크가 기사 내용과 자막 등을 최종 승인하고 생방송을 진행한다. 일반 프로그램의 경우, AI가 시청률 데이터를 분석하여 실시간으로 콘텐츠 효과를 측정하고, 프로그램 편성을 최적화할 수도 있다.

말하자면 프로그램 기획, 제작, 편집에 이르기까지 AI 도구를 활용, 쉽고 빠르게 미디어 콘텐츠 제작이 가능해졌다는 것이 중요하다. 소규모 방송사에게는 물론 지상파방송사에게도 운영 효율성과 비용 절감 효과가 크다. 그러나 고정된 방송 시간과 방송사별 상이한 직무 구조로 인해 AI를 적극적으로 활용하기에는 제한적인 면이 많다.

케이블TV는 뉴스, 골프, 경제, 오락, 바둑 등 특정 장르의 전문 콘텐츠를 제작하는 플랫폼이다. AI는 이런 채널의 특성을 최대한 반영해 시청자의 채널 선택과 패턴을 분석해서 시청자 취향에 맞는 콘텐츠를 추천할 수 있다. 경제 전문 방송 채널인 한국경제TV는 'AI 만난 언택트 채용' 토론회에 AI 아나운서 진행을 시도하고 있고, AI 디지털 휴먼 소개 영상을 제작하는 등 적극적으로 AI를 활용하고 있다. AI는 시청자 데이터를 분석해서 유료채널의 시청자를 유지하거나 증가시키는 데 활용하고 있는데, 이는 케이블TV가 레거시 미디어의 방송 제작 시스템에서 벗어나 점차 개인화된 서비스로 변화를 모색하고 있음을 보여준다. 그러나 시장의 포화, 글로벌 OTT 플랫폼의 경쟁 압력 증가 등으로 개별 가입자와 VOD 매출의 감소 등으로 미디어 시장에서의 점유율이 하락하면서 성장 동력이 약화되어 가고 있다(황유선, 2023).

위성방송은 국내에 KT스카이라이프가 유일하다. 상품별로 요금 및 약정 기간을 정해 서비스하고 있는 만큼, 시청자에 대한 지역별 시청자군, 시청 시간, 시청 가구수, 시청자별 연령대 등 대량의 데이터를 취합한다. 데이터 분석 작업을 AI를 통해 시도하고 있으며, 이를 기반으로 위성방송 프로그램 제작과 운영의 효율성을 높이고 있다. 유료 방송 세계 최초로 구글 AI 스피커를 결합한 'skylife AI(2019)'를 출시하며 혁신적인 IP 기반 서비스를 선보였고, 최근에는 'AI 스포츠 중계 플랫폼 사업' 진출을 알리면서 AI 중계 플랫폼을 바탕으로 한 경기 분석과 영상 편집 서비스를 제공하겠다고 했다. 최영범 대표는 AI 기반 음성·텍스트 변환 서비스(STT)와 콘텐츠 편집 지원 프로그램 등을 개발, 송출 대행 사업에 AI 기술을 결합한 뉴미디어 플랫폼으로 진화하겠다는 구상을 밝히며 AI 친화 방송사로 거듭나기 위해 노력하고 있다(김성현, 2024).

OTT(Over the top)로는 넷플릭스, 디즈니+, 애플TV 등이 있고, 국내 토종 OTT로는 티빙(TVING), 웨이브(Wavve), 쿠팡플레이가 있다. OTT 플랫폼은 회원들의 서비스 사용 데이터를 토대로 딥 러닝 기반 추천 서비스를 제공하고 있다. OTT 서비스의 매출, 이용률, 사용자 수 등은 그간 빠르게 증가했다. 글로벌 OTT 플랫폼은 빅데이터를 기반으로 인기 있는 스토리 유형, 캐릭터 수집, 장르 분석은 물론, 시청자 유형과 관심도까지 주요 자료로 활용해서 신규 프로그램 제작을 결정한다. 특히, 글로벌 방송 시장을 대상으로 콘텐츠를 제작하기 때문에 다국어 번역과 자막 제작 자동화에 AI를 활용한다. 이러한 노력에 힘입어 OTT 서비스는 영화관을 대신해 개인 여가 시간을 적극적으로 소비하는 매체로 자리 잡았다. 넷플릭스, 스포티파이 같은 글로벌 플랫폼들은 AI 기술을 통해 새로운 차원의 사용자 경험을 제공하는 대표적 사례다. 스포티파이의 경우, AI로 팟캐스트를 다양한 언어로 자동 번역해 전 세계에 방송하며 AI의 가능성을 확장하고 있다(유건식, 2024).

유튜브는 고도화된 알고리즘으로 개인별 맞춤 동영상을 추천하고 있다. 최종 콘텐츠 완성 단계에서는 AI 도구를 사용해서 편집과 썸네일 생성이 가능하다. 유튜브 알고리즘은 콘텐츠 제작자와 시청자 간의 연결 강화를 위해 더 많은 조회 수를 유도한다. 콘텐츠 모니터링 부분에서는 AI를 활용한 커뮤니티 가이드라인 위반 콘텐츠를 탐지하고, 위반 콘텐츠는 노출 중지 또는 삭제를 진행한다.

미디어 플랫폼 분야에서 AI는 대중적인 기호 분석 및 생성에 활용되고 있다. AI가 특정 영화나 드라마의 제목을 추천할 때, 그 제목의 문화적, 사회적 의미를 연결하여 사용자에게 적합한 콘텐츠를 제시한다. AI 기반의 콘텐츠 추천 알고리즘은 특정 키워드, 제목, 주제와 관련된 미디어 기호를 분석하고, 이를 통해 사용자가 선호하는 콘텐츠를 자동으로 제시하면서 자사 플랫폼을 통한 문화 코드를 재생산하고 있다. 일례로, 넷플릭스에서 "액션 영화"를 좋아하는 사용자가 기호 분석을 바탕으로 비슷한 스타일의 영화를 추천받는 방식이다.

AI는 시청자 행동 데이터를 분석하여 지표를 생성하거나 활용한다. OTT 플랫폼의 AI는 시청자가 특정 동영상을 얼마나 자주 클릭하는지, 얼마나 오래 시청하는지를 바탕으로 시청자 조회 수와 관심도 지표를 파악한다. AI는 이 데이터를 분석해, 플랫폼 사업자가 시청자에게 유사 콘텐츠를 추천하거나 개선된 콘텐츠 전략을 제시할 수 있다.

유튜브처럼 영상 콘텐츠와 쇼츠를 제작하는 플랫폼 사업자는 AI를 이용해 동영상 썸네일을 자동으로 생성하거나 수정하여 콘텐츠를 클릭할 가능성을 높인다. 썸네일은 콘텐츠의 시각적 표현을 통해 소비자가 쉽게 그 의미를 인식하도록 돕기 때문에 AI는 시청자 행동을 학습하여 어떤 이미지가 더 효과적인 아이콘 역할을 하는지 분석하는 작업을 한다.

플랫폼 사업자 광고 분야에서는 특정 브랜드의 로고나 이미지를 효과적으로 결합하여 시각적 유사성을 통해 빠르게 메시지를 전달함으로써 주요 시청자에 적합한 기호를 제시할 수 있다. 광고에서 사용되는 기호들은 브랜드의 이미지를 강화하고, 소비자가 그 브랜드를 더 쉽게 인식할 수 있도록 도움을 준다. AI는 광고에서 소비자의 구매 행동, 웹사이트 방문 기록, 검색 히스토리 등 다양한 지표를 통해 소비자의 반응을 분석하고, 기호화된 콘텐츠(브랜드 색상, 로고 등)를 조정하여 더 나은 효과를 도출해 낸다. 브랜드의 색상, 로고, 메시지 등을 바탕으로 각 지역의 문화적 맥락, 문화적 코드를 반영해 광고 콘텐츠 제작과 광고 수주에 적용한다.

플랫폼은 콘텐츠의 개인화, 제작과 운영의 효율성 향상, 콘텐츠 제작비용 절감이라는 공통된 목적으로 AI 기술을 도입, 활용하고 있다. 최신 디지털 도구인 AI와 신규 플랫폼을 토대로 비즈니스 모델을 혁신하고 새로운 성장 기회를 창출하고자 하는 것이다. 소비자는 본인의 삶에 변화를 줄 수 있으면 독점적인 콘텐츠를 서비스하는 플랫폼을 선호한다. 미디어 콘텐츠가 가치가 있다고 판단되면 비용 지불 의사가 있는 것이다.

최근 가장 큰 이슈인 OTT와 유튜브 같은 디지털 중심 플랫폼에서는 소비자의 욕구를 파악해 AI를 활용한 핵심적인 경쟁 우위를 선점하려고 한다. 뉴미디어 플랫폼 측면에서 보면 AI는 콘텐츠 제작뿐 아니라 사용자 경험 최적화와 운영 자동화에서도 중요한 역할을 하고 있다. 반면, 지상파TV와 위성방송 같은 전통적인 미디어는 프로그램 저작권 확보와 보상권 도입 등의 제도를 마련하기 위해 노력하지만 대세는 이미 기울어져 가고 있다. 지상파TV 방송 광고 매출은 하락하는 반면, 유튜브 등 광고 기반 OTT 서비스의 영향력은 커지고 있다. 지상파TV에서 AI 제작 시스템을 도입하지 않고 기존의 관성대로 콘텐츠를 제작한다면 점차 미디어 시장에서의 경쟁력을 잃고, 도태될 가능성이 높다. 이제는 AI를 어떻게 활용하는가에 따라 미디어 플랫폼 업계의 생존과 성장이 달려 있다고 해도 과언이 아니다.

미디어 플랫폼의 AI 정책

글로벌 플랫폼으로는 구글, 아마존, 메타, 애플, 그리고 알리바바, 텐센트, 바이두 등이 있다. 우리는 이런 플랫폼을 이용해 서로 소통하고, 상품을 구매하며, 정보를 취득하고 있다. 그곳에 새로운 정보가 모여 여론이 형성되거나, 신기술을 바탕으로 한 새로운 서비스가 제공되기도 한다.

기술 패권 경쟁이 심화되고 있는 미디어 플랫폼에서는 신뢰할 수 있는 AI를 만드는 것이 가장 중요하다. 일례로, 트럼프 대통령은 스타게이트라는 초대형 AI 인프라 프로젝트를 발표했다. 이처럼 각국은 AI 패권 전쟁에서 우위를 점하기 위해 뛰고 있다. 심지어 일본조차도 세계 최대 반도체 기초 설계 기업인 Arm을 필두로 정보 기술 시대를 건너뛰고 AI시대를 향해 진격하고 있다. 우선은 윤리 가이드라인을 지키는 AI의 올바른 사용이다. 일반 소비자가 받아들일 수 있는 기준으로 AI를 사용해서 플랫폼이 공유자 · 전달자의 역할을 뛰어넘어 신뢰할 수 있는 콘텐츠를 제공할 의무가 있다(정병희, 2020). 여기에는 AI에 활용되는 데이터에 대한 신뢰, AI를 올바르게 운용할 수 있는 인력 등이 조성되어야 한다.

플랫폼 기업의 세계적 영향력은 실로 가늠하기 힘들

정도로 막강하다. 이들 기업은 개인의 구매 이력, 개인 정보, 관심 이슈 등 모든 데이터를 모아 저장하고, 이를 바탕으로 맞춤형 서비스라는 이름으로 제한적인 서비스를 제공하고 있다. 이에 따라 개인정보 보호와 보안 문제, 사생활 침해 문제 등이 커다란 과제로 대두되고 있음에도 불구하고, AI 플랫폼 기업들이 양질의 데이터를 확보하고, 이를 바당으로 AI를 올바르세 사용해 사회 발선에 기여하도록 유도해야 한다.

삶의 질을 높이는 초개인화 서비스의 등장으로 플랫폼 기업의 지배력이 강화되고, 서비스는 다양하게 확장될 것이다(이경선, 2024). 이런 부분을 현실화하기 위해서는 국내 미디어 플랫폼도 AI 기술 수용 및 변화에 대응이 필요하며, AI 생태계의 건전한 활성화에 앞장서야 한다.

참고문헌

김상균(2024). 『AI 인간지능의 시대』. 베가북스.

김성현(2024.9.19). 최영범 KT스카이라이프 대표, AI 신사업으로 수익성 개선 '승부수'. 뉴데일리 경제, https://biz.newdaily.co.kr/site/data/html/2024/09/19/2024091900285.html

변용수(2023). 『1인 미디어』. 커뮤니케이션북스.

유건식(2024). 『OTT 서비스와 AI』. 커뮤니케이션북스.
이경선(2024). 생성형 AI 기술의 진화 방향과 정책과제. 정보통신정책연구원.
정병희(2020). 신뢰할 수 있는 방송·미디어와 AI. ≪방송과 미디어≫, 25(1).
황유선(2023). 미디어 시장에서의 현황과 과제. 정보통신정책연구원.

08
AI와 미디어 리터러시

AI의 활용은 기존의 미디어 콘텐츠를 한층 더 업그레이드시키며 미디어가 다양화, 전문화되는 촉진제 역할을 하고 있다. 이제 우리는 AI의 무분별한 활용을 넘어, AI 윤리 기준을 수립하고, 비판적으로 평가하고 분석할 수 있는 AI 리터러시 능력을 가져야 한다.

AI와 한의학?

미디어 담론

AI가 우리의 사회생활 전반에 깊이 관여하면서 이제는 일상생활에서 AI를 떼어놓고는 생각할 수 없는 시대가 되었다. AI 시대에 미디어 매체가 사회 이슈나 의제에 따른 시민들의 견해, 주장, 반박, 비판 등의 반응을 전달하거나, 토론과 논의를 통해 다양한 의견을 수렴할 때, 과연 AI의 역할은 어디까지라고 할 수 있을까?

AI는 1인 미디어의 콘텐츠의 검열에서도 중요한 역할을 하고 있다. 자동화된 필터링 시스템은 부적절한 콘텐츠를 감지하고 삭제하는 데 사용되지만 동시에 창작자의 표현의 자유에 제약을 가할 수도 있다. 콘텐츠의 창작과 AI 사용에 대한 윤리적 딜레마는 여전히 대립적 견해와 주장들만 제기된 채 전혀 해결의 방안을 제시하지 못하고 있다. 그러나 대립적 견해가 제시되고 해결 방안을 모색했다는 시도만으로도 의의가 있다(2014. 백선기). 1인 미디어 창작자가 AI를 통해 콘텐츠를 제작할 때, 이러한 윤리적 문제와 신뢰성 문제는 AI와 미디어 기술이 발전함에 따라 더욱 중요한 주제로 부각되고 있다.

미디어 리터러시

호주에서는 16살 미만 청소년에게 소셜 미디어(SNS)를 금지하는 법안을 통과시켜 2025년 말 시행될 예정이다(금준경, 2024). 이처럼 "소셜 미디어는 사회를 분열시키는 데 있어서 인류 역사상 가장 강력한 촉매제 역할을 하고 있으며, 사용자들이 나와 다른 관점이나 시각, 경험을 접하지 못하면서 우리의 비판적 사고 능력은 크게 위축되고 있다"고 한 전 페이스북 임원 팀 캔들(Tim Kendall)의 말은 현실이 되었다. 소셜 미디어를 규제하려는 호주의 규제 대상 서비스에는 틱톡, 메타(페이스북), 스냅챗, 인스타그램, X(트위터) 등이 포함될 예정이다.

우리가 살아가고 있는 현실 세계에서 우리는 소셜 미디어 알고리즘이 나보다 나를 더 잘 알고 있고, 심지어 내가 모르는 나의 모습까지 알고 있는 듯한 경우를 체험하며 종종 놀라곤 한다. 알고리즘은 사용자가 선호하는 콘텐츠를 끊임없이 추천하고, 개인의 취향을 직격하는 이미지와 뉴스와 동영상 데이터들을 지속적으로 노출시킴으로써 우리의 확증 편향성(Confirmation Bias)을 강화시키고, 이에 따라 자신의 의견과 다른 의견은 아예 듣지 않거나 본인의 생각만이 옳다고 여기기에 이른다. 현대사회의 가장 큰 문제로 대두되고 있는 이 현상은 나이가 어리고 미디어에 대한 이해력이 부족할수록 더욱더 많은 영향을 받을 수밖에 없다. 우리 사회의 전 분야에서 유사한 문제들이 야기되고 있지만 특히 정치 분야에서의 인공지능 추천 서비스 같은 알고리즘 이용의 확대는 이념의 양극화를 심화시키고, 유권자를 양극으로 몰아세우는 경향이 강하다.

AI 활용과 문제점

AI가 사라진 삶은 이제 상상하기 어렵다. 우리의 일상생활에 스며든 AI가 언제 어디에서 어떻게 나의 삶에 도움을 주고 있는지, 심지어 내가 AI를 사용하고 있는지조차 모를 정도다. AI와 공존하는 삶이 우리에게 던지는 질문은 이렇다. AI에서 인간의 역할은 어디까지일까? AI는 어떤 사회적 규범과 도덕을 적용받아야 할까? AI는 인간과 어떻게 공존해야 할까? 이제 이에 대한 답을 찾아보고자 한다.

AI가 우리 삶에 밀접하게 관여하면서 발생하는 문제는 다음 여섯 가지로 생각할 수 있다. AI와 공존하는 일상, AI 윤리, 개인정보와 보안, 환경, 창작의 영역, 딥페이크.

첫째로, AI와 공존하는 일상. AI의 권리와 존엄성을 어디까지 인정해 줘야 하는지에 관한 물음이 떠오른다. 그럼에도 이 물음은 마치 영화 속 이야기처럼 멀게 느껴

진다. 지금의 현실은 AI와 경쟁한다기보다 공존하는 삶에 더 가깝다. 이는 AI를 도구적 관점에서 보는 것으로, 이미 우리의 일상생활 속에 들어와 있다. 공장형 로봇, 음식점 서빙 로봇, 챗봇 상담원 등은 우리의 노동을 대체하거나 보완하고 있다.

둘째로, AI 윤리. 생성형 AI 시대가 되면서 AI가 결정하는 분야를 어떤 기준으로 어떻게 구분할지에 대한 논의가 한창이다. 윤리적 측면은 딥페이크, 데이터 편향성, 트롤리딜레마(Trolley dilemma) 등이 언급되고 있다. 먼저 이에 대한 대안으로서 시도되고 있는 것이 튜링테스트(Turing Test)다. 사람과 기계 간의 대화를 통해 이들이 사람과 유사한 방식으로 대화할 수 있는지 여부를 평가하는 것으로, 자연어 테스트, 지식 테스트, 윤리의식 테스트가 있다. 그러나 윤리의식 테스트는 트롤리딜레마처럼 결정의 순간에 제시된 여러 대안 중 무엇이 맞는지를 확인할 수 없기에 앞으로의 숙제로 남아 있다(신동형, 2023).

셋째로, 개인정보와 보안. 디지털 시대에 접어들어 대량의 정보가 움직이고 공유되면서 데이터 보안과 개인정보 문제가 더욱 중요해졌다. 특히, AI가 지적재산 소유권이 있는 콘텐츠를 활용했을 경우, 여러 가지 법적 문제들이 야기될 수 있기 때문에 최근 가장 민감하게 거론되는 문제다. AI를 통해 이미지, 글, 음악, 양성 등 콘텐츠를 생성할 경우, 그 저작권은 누구에게 귀속될까? AI를 통한 콘텐츠 생성 과정에서 기존 저작물을 복제하거나 변형했을 경우, 이에 따른 소유권 및 저작권 침해 여부에 대한 논의가 필요하다.

넷째로, 환경. 대용량 서버와 스토리지, GPU, 메모리 등 컴퓨터 장비의 증폭으로 인해 엄청난 양의 에너지 소비가 발생하면서 새로운 환경 문제가 제기되고 있다. CO2 발생 등 탄소 중립에 영향을 미치는 요인들과 함께, 최근 각국마다 AI 전용 데이터센터 건립을 경쟁적으로 추진함으로써 데이터센터의 대규모 에너지 사용과 CO2 배출 증가에 따른 환경에 미칠 악영향이 문제로 제기되고 있다. 이제 기후 위기에 대한 해결책의 논의와 함께 환경보호 차원의 미래지향적 방안이 도출되어야 할 것이다.

다섯째로, 창작의 영역. 이제 AI는 글을 쓰고 그림을 그리고 시를 쓰는 등 사람만이 할 수 있다고 생각했던 창작의 영역에까지 진입했다. 영상의 경우, AI가 제작한 코카콜라 광고는 너무 수준이 높아 큰 화제가 되면서 모두를 당황하게 했다.

마지막으로, 딥페이크(DeepFake). 딥페이크는 인공지능 학습에 쓰이는 딥 러닝(Deep Learning)과 페이크(Fake)의 합성어로, 사람의 이미지와 행동(동영상)과 목소리 등을 가짜로 합성하거나 제작한 결과물을 의미한다(유주현, 2024). 딥페이크 도구를 사용할 때 가장 중요한 점은 윤리적 문제이다. Swapface와 같은 딥페이크 기술은 매우 강력하고, 그것이 윤리적 문제를 일으킬 소지가 많음을 모두 알고 있다. 실제로 학생뿐 아니라 대학생과 일반 성인들까지도 타인의 사전 동의 없이 얼굴을 교체해서 성인물과 합성하고 있다. 미국 대통령 선거 때처럼 허위 정보를 생성하는 데 사용할 경우 매우 심각한 사회적 문제를 일으키게 된다.

이러한 기술은 정확한 목적과 동의를 기반으로 사용해야 하며, 이를 악용하지 않아야 한다. 이에 대한 대안으로 디지털 리터러시 교육이 학생과 일반인을 대상으로 체계적이며 광범위하게 이루어져야 한다. 디지털 리터러시 교육의 선행으로 지적재산권, 초상권 등 법적인 책임감을 알게 하여 윤리적 문제가 발생하는 것을 미리 방지할 수 있다.

AI 리터러시

글을 읽고 이해하는 능력을 문해력이라고 한다. 최근에는 리터러시(Literacy)라는 표현이 일반화되었다. 리터러시에는 코드 리터러시, 인공지능 리터러시, 데이터 리터러시, 미디어 리터러시 등 사회의 발전과 변화에 따라 여러 종류의 리터러시 용어가 사용되고 있다.

디지털 리터러시는 디지털을 이해하고 다룰 줄 아는 디지털 활용 능력을 뜻한다. 미디어 리터러시는 다양한 미디어의 이해와 활용에서 비판적 사고를 갖추는 것이다. 미국 대통령 선거 당시 큰 이슈였던 가짜뉴스를 가려내고 뉴스를 제대로 읽을 수 있는 능력인 뉴스 리터러시도 이에 포함된다.

AI 교육 전문가인 마르코 누베즈(Marco Nuvez)는 AI를 네 가지 수준으로 분류했다. 첫째는 AI 접근 불가 수준, 둘째는 AI에 접근하지만 AI에 대한 이해가 없는 수준, 셋째는 AI에 접근하고 이해하지만 효율적 활용까지는 하지 못하는 수준, 넷째는 AI에 접근하고 이해하면서 통찰력을 갖고 효율적 사용이 가능한 수준이다(김용성, 2024).

인공지능 리터러시는 인공지능의 개념과 원리를 이해하고 올바른 방법으로 활용하며 문제 해결의 목적에 맞는 데이터와 인공지능 기술을 이용해 결과를 산출하는 능력을 말한다(한규동, 2022).

AI 리터러시의 다섯 가지 영역을 좀 더 상세히 살펴보자. 첫째로, AI와 데이터의 이해 영역이다. AI와 관련된 기본 개념과 원리를 이해하는 능력을 말한다. 둘째로, 프롬프트 엔지니어링이다. AI가 최적의 결과를 도출해 내도록 AI 프롬프트를 작성하거나 이에 기반한 개발 방법론을 말한다. 셋째로, AI 활용과 문제 해결이다. AI 도구를 자신의 일상, 학업, 일 등에 올바른 방법으로 활용하면서 문제 해결에 필요한 데이터와 AI 기술을 이용하여 결과를 산출하는 능력을 말한다. 넷째로, AI에 대한 비판적 사고다. AI 결과물에 대한 무조건적 믿음을 갖지 않고, 결과물이 도출될 때까지 과정과 데이터 수집 방법 등을 검증하고, AI의 편향성과 신뢰성 등을 종합적으로 고려하고 판단하는 것을 말한다. 다섯째로, AI 윤리다. 그중 저작권이 가장 큰 사회적 이슈로 부각 되고 있는 것은 이미지, 영상, 음원 등 원작자의 동의 없이 데이터를 수집하고 사용하는 경우가 빈번하기 때문이다. 개인정보 보안 문제도 심각하다. 개인 스스로 디지털 발자국을 정리하는 방법도 있지만 실생활에서 무작위로 수집되고 있는 본인의 정보가 인터넷상에 떠돌고 있으며, 여러 플랫폼에서 상업적으로 활용되고 있다(김용성, 2024). 이처럼 AI 리터러시에 대해 다양한 의견이 존재하며, 그중에서도 듀리 롱(Duri Long)과 브라이언 마게르코(Brian Magerko)가 정의한 AI 기술에 대한 비판적 판단 역량이 현대 미디어 사회에서 가장 필요한 것이 아닐까 생각한다.

인공지능 프로그램은 알고리즘과 데이터로 구성된다. 문제는 모든 알고리즘은 중립적이 아니며, 공정하지 않을 수 있다는 것이다. 알고리즘은 데이터 학습을 통해 구성되고, 데이터를 만드는 것은 사람이며, 사람마다의 다른 관점과 편견이 알고리즘에 반영될 수밖에 없다. 결국 알고리즘은 사람의 편견, 오해, 편향성을 갖고 있고, 그러한 알고리즘이 인공지능 프로그램에 녹아 있다(오닐, 2017). 인종차별, 타문화 배척, 어떤 사실과 사건에 대한 편견을 학습한 인공지능 알고리즘의 결과, 적대적 공격, 해킹 위협, 편향성 같은 부작용이 발생하면서 인공지능에 대한 신뢰성이 문제시되고 있다. 적대적 공격의 일례로, 차량 번호판 인식 시스템 교란을 통한 적대적 공격(악의적 의도로 번호판을 물리적으로 변형하거나 빛을 비추어 카메라를 교란하는 행위)이 있는데, 이에 대응하여 딥 러닝 기술을 통해 고의적으로 차량번호판을 인식하지 못하게 하는 차량을 식별함으로써 시스템의 정확도와 신뢰성을 높이고 있다.

AI 리터러시는 인공지능의 개념과 원리를 파악하고 올바른 방법으로 활용해서 결과를 산출하는 능력이다. 예를 들어 '군인', '의사'는 '남성'으로, '비서', '간호사'는 '여성'으로 인식하는 AI 알고리즘의 데이터 편향을 구분하는 것이다. 알고리즘 출력이 편향되어 있다면, 결과 도출에 적절한 알고리즘이 사용되었는지 확인이 필요하다. 이런 목적에 부합하는 알고리즘을 만들기 위해서는 충분한 학습을 통한 대량의 데이터가 필요하고, 이런 질 좋은 데이터를 엄청난 양으로 수집하려면 비용과 시간이 든다. 지적 수준에서는 AI 기초 지식, AI 활용 능력, AI 개발 능력 그리고 AI 기술의 활용과 개발에서 도덕적 가치관과 윤리를 갖고 결과에 대한 책임을 지는 AI 윤리·가치관 능력이 요구된다.

이를 위해서는 AI의 장점과 약점을 숙지하고, AI의 의사 결정 방법과 제공된 데이터에 대한 의구심을 갖고 AI가 도출한 결론에 대해 비판적으로 분석할 줄 알아야 한다. AI를 효과적으로 사용할 수 있는 사람과 그렇지 못한 사람 간의 격차뿐만 아니라, 더 나아가 AI 리터러시 역량에 따라 달라지는 정치적, 경제적 이슈에 관한 판단은 한 개인의 삶을 바꿀 수도 있다. 사회적 지배층과 소외층으로 구분되지 않도록 국가적 차원에서 교육이 이루어져야 한다.

AI 리터러시 역량은 한 개인이 자신의 삶을 주도적으로 살아갈 수 있느냐 없느냐를 결정하는 중요한 기본 자질이 된다(이영희, 2024). 이제 우리는 이러한 문제점을 방지하고 해결하는 방법을 찾아야 한다. 다른 한편으로는 미디어 리터러시 교육을 통해 "미디어는 공정한가?, 미디어는 항상 옳은가?"에 대한 의구심을 갖고 똑바로 판단해야 한다.

참고문헌

김용성(2024). 『AI 리터러시: 인공지능 필수지식부터 완벽한 활용까지』. 프리렉.

금준경(2024.12.7). 16세 미만 SNS 금지 법안, 호주 따라서 한국도? ≪미디어 오늘≫, https://www.mediatoday.co.kr/news/articleView.html?idxno=322837

백선기(2014). 『미디어 담론』. 커뮤니케이션북스.

신동형(2023). 『챗GPT등장, AI as an Infra로서의 출발점. Digital Insight 2023』. 한국지능정보사회진흥원.

유주현(2024). 『생성형 AI 시대, 생체인식 기술의 기회와 도전』. 한국지능정보사회진흥원.

이영희(2024). 『학교로 들어간 AI』. 커뮤니케이션북스.

한규동(2022).『AI 상식사전』. 길벗.
캐시 오닐(2017).『대량살상 수학무기』, 흐름출판.

09
AI와 1인 미디어 전략

'AI 우선주의'를 표방하는 시대다. 1인 미디어는 AI 도구를 기반으로 미디어 분야에서 확고한 위치로 자리 잡을 기회를 만났다. 1인 미디어 전략은 다른 미디어에서는 시도하지 못한 독특한 발상을 AI를 통해 현실화시키고, 미디어 콘텐츠 창작으로 이어지도록 디자인하는 것이다.

AI와 화장품?

미디어 분야

미디어 분야에서 AI는 텍스트, 이미지, 영상 등의 미디어 콘텐츠를 생성하고, 분야별로 다양하게 제작하는 촉진제 역할을 하고 있다. AI는 미디어 콘텐츠의 생성, 분석, 개인화 등에 활용되는데 자동화된 뉴스 생성의 경우 AI는 기사나 보도를 자동으로 작성할 수 있으며, 기자가 작성한 기사의 의미를 분석하여 콘텐츠를 생성한다. 실제로 인터넷 언론사의 경우 AI가 특정 뉴스 이벤트를 보고 자동으로 기사 제목을 생성하거나, 독자가 선호하는 스타일과 내용을 분석하여 맞춤형 콘텐츠를 제공하는 서비스를 진행하고 있다.

미디어 소비 분석 면에서 살펴보면, AI는 시청자의 미디어 소비 패턴을 분석하고, 그들이 선호하는 이미지, 영상, 텍스트의 기호적 특성을 파악해서, 이를 기반으로 맞춤형 광고나 콘텐츠를 제공하고 있다.

프로그램에서 AI는 방송 콘텐츠의 해석과 생성, 그리고 시청자의 반응을 분석하는데, 이런 분석 결과는 맞춤형 콘텐츠 추천으로 이어져, AI가 시청자의 시청 기록을 기반으로 맞춤형 콘텐츠를 추천한다. 이 과정에서 프로그램의 주제, 장르, 시청자의 심리적 반응 등을 분석하여 개인화된 방송 콘텐츠를 제공한다.

최근에는 리얼타임 피드백 분석으로 방송 중 시청자의 반응을 실시간으로 분석하는 AI 시스템이 등장하면서, 방송 제작자들은 시청자가 어떤 장면이나 표현에 반응하는지 알 수 있다. 이를 통해 프로그램 기획 단계에서부터 더 효과적인 방송 내용을 구성할 수 있으며, 1인 미디어 전략을 체계적으로 수립하는 데 기반이 된다.

데이터의 표현과 가공

데이터는 생활 데이터, 이미지 데이터, 소리 데이터 등이 있으며, 데이터 표현과 가공은 명제, 행렬, 수열, 삼각함수 등의 수학적 방법을 통해 진행한다. 예를 들어 신경망, 퍼셉트론(Perceptron)은 행렬과 확률로 데이터를 처리한다.

머신 러닝 알고리즘을 학습시키는 데 사용하는 학습 데이터, 학습이 완료된 알고리즘의 성능을 평가하는 데 사용하는 테스트 데이터, 알고리즘을 학습시킨 후 성능을 평가할 때 사용하며 성능평가가 나쁠 경우 '하이퍼 파라미터'를 조정해서 성능을 향상시키기 위해 모델을 재구성하는 개발 데이터가 있다.

프로파일링

데이터를 바탕으로 개인의 행동과 기호를 분석하고 예측하는 것을 프로파일링이라고 한다. 이는 AI의 학습, 검증 평가에 사용되는 데이터를 의미하고, 사람이 원천데이터에 정답 값을 입력하는 과정, 라벨링, 어노테이션 작업을 통해 구축된다. 학습 세트, 검증 세트, 평가 세트가 있다. 프로파일링은 통계 데이터만 사용하는 것이 아니다. 실제로 미국에서는 안면 이미지 데이터를 통해 성적 지향과 감정을 인식한 연구 사례도 있었다(에마, 2024).

프로파일링 결과물을 바탕으로 한 쇼핑몰에서는 물건을 구매하고 다시 접속하면 자동으로 관련 상품들이 추천된다. 포털 사이트에서 검색한 내용이나 뉴스, 취미 관련 기사는 우리의 기호를 파악해 내가 관심을 가질 만한 기사가 상위에 표시되도록 알고리즘을 실행한다.

프로파일링을 통해 인간들의 생각과 기호를 예측하는 단계에서 더 나아가 이를 조작하거나 소비자의 행위를 유도하는 부분도 다분히 경계해야 한다. 이처럼 AI가 제공하는 맞춤형 상품이나 추천 기사만을 계속 소비하게 된다면 결국은 필터링된 정보만 접하게 되는 필터 버블 현상에 둘러싸여 올바른 판단을 내리기 힘들게 된다. 미디어에 대한 이해와 비판 능력은 미디어가 제공하는 정보에 대한 편견을 나 스스로 걸러 내는 힘을 키워준다.

데이터 분석

데이터는 어떤 사물이나 상황 프로세스를 표현하고 제시하는 역할을 한다(닐리 · 레오나르디, 2024). 데이터 분석에는 여러 기법이 있다. 그중에서도 가장 널리 알려진 것은 회귀 분석으로 좌표상에 점을 표시하고 점을 따라 선을 그어서 데이터 간의 관계성을 수식으로 표현하는 것이다. 즉, 데이터를 좌표상에 모아서 상관관계를 찾는 것으로 수식으로 나타낼 수 있는 것에 강하다. 이런 점에서 회사에서 계획과 일정 간의 괴리를 줄일 수 있으며, 제조업 등에서는 생산 시뮬레이션, 공정표 자동 생성에 많이 활용된다(이경전, 2024).

연관성 분석은 다양한 종류의 데이터가 있는 경우 서로 다른 데이터끼리 서로 어떤 관계성이 있는지 찾는 것으로 비즈니스에 많이 이용되고 있다. 예를 들면, 상품 판매나 동영상 플랫폼에서 영상 추천처럼 연관성을 찾는 분석 기법이다.

클러스터링 분석은 다양한 데이터를 그룹화하고 분류하는 기법이다. 데이터양이 많을수록 어떻게 그룹을 나

높지 복잡하지만, 분류 기준을 알 수 없는 데이터를 보기 쉽게 하는 용도로 매우 유용한 분석 방법이다.

디시전 트리(Decision Tree) 분석은 난해한 분류 대상이라도 데이터 분석이 가능하며, 어떠한 이유로 분류가 되었는지 명확한 결정 기준이 있어 간단하고 알기 쉬운 구조이다. 또한, 결정 기준을 yes/no, 복수 선택, 수치 등으로 변경할 수 있어 대상을 좁히면서 질문을 조정하는 것도 가능하다.

데이터 마이닝은 데이터에서 가치 있는 정보를 찾아내는 기술이다. 즉 데이터의 관계성에서 유용한 정보를 도출하는 것으로 데이터 마이닝은 미지의 것을 찾아내는 발견형, 가설을 검증하는 검증형으로 나누어진다.

데이터 수집에는 텍스트를 수집하는 웹 스크래핑, API데이터(유튜브) 수집, 센서 테이터 IoT, 데이터 정제 기술, 데이터 분석(패턴 인식, 인사이트 도출)이 있다.

데이터 기반의 콘텐츠 전략

AI 데이터 분석은 트렌드, 조회수, 사용자 참여율 등을 기반으로 향후 콘텐츠 전략을 계획하는 데 중요한 역할을 한다. 이를 통해 창작자는 어떤 주제가 인기가 있는지, 어느 시간대에 업로드하는 것이 효과가 높은지 등의 전략을 세울 수 있다.

미디어 마케팅 분야에서 최근 강조되는 부분이 데이터 분석 및 성과 추적 분야다. 현장 마케팅 실무자들이 데이터 분석으로 많이 사용하는 도구들을 살펴보자. 우선 미디어 마케팅 분야에서는 일명 GA(Google Analytics)로 불리는 GA를 사용한다. AI 기능을 통해 웹사이트 트래픽 분석 및 사용자 행동을 예측하고, 이를 바탕으로 개선안을 도출한다. Sprout Social은 소셜 미디어 성과 분석 및 자동화된 보고서를 생성하는 도구로, AI를 활용하여 마케팅 효과를 극대화할 수 있다. Crimson Hexagon은 소셜 리스닝 및 분석 도구다. AI를 통해 미디어 트렌드 및 사용자 반응을 분석하여 마케팅 전략을 수립한다.

Stability AI는 대규모 데이터 분석 및 트렌드 예측으로 Stability AI의 기술은 대규모 데이터 세트를 분석하여 소비자 트렌드 예측, 콘텐츠의 성공 가능성 평가, 또는 특정 주제에 대한 심층 분석을 제공할 수 있다. 이를 통해 사용자는 세밀하게 타겟팅 한 콘텐츠 제작이 가능하다. AI 기반 데이터 분석을 통해 목표 고객층의 선호도를 분석하고 그에 맞는 콘텐츠를 제작하는 마케팅 분석가들이 많이 사용한다.

위에 언급한 것처럼 데이터 분석의 장점은 콘텐츠 제

작 부분에서 창작자들의 아이디어를 빠르게 시각화할 수 있다는 점. 그리고 창작 과정에서 도출된 새로운 아이디어와 디자인을 분석한 데이터와 결합해서 창작자가 제작하는 콘텐츠의 품질을 높여준다는 점이다.

AI를 활용한 1인 미디어 전략

디지털 전환(Digital Transformation, DX)은 기업이 새로운 서비스 또는 제품 창출에 디지털 기술 역량을 활용함으로써 변화에 적응하거나 전략을 추진하는 지속적인 과정이다. 미디어 플랫폼 산업적 측면에서 볼 때, 차세대 미디어 플랫폼 FAST(Free ad-supported streaming television)는 실시간 방송과 영상 콘텐츠 등 다양한 채널을 제공하면서 구독료 대신 광고 수입으로 운영하는 서비스이다(이상원, 2024). 미디어 플랫폼마다 새로운 성장 동력을 찾기 위해 분투하고 있는 시점에 등장한 AI는 1인 미디어에서 중요한 소셜 미디어 플랫폼에서 콘텐츠 노출을 결정하는 중요한 역할을 한다. 알고리즘이 지속적으로 변하면서, 1인 미디어 창작자는 AI가 어떻게 콘텐츠를 배포하는지를 이해하고 그에 맞는 전략을 세워야 한다. 알고리즘 파악은 1인 미디어의 성공 여부에 직접적인 영향을 미친다. 그럼, AI 분석 도구를 통해 개인 브랜딩을 최적화하는 1인 미디어 전략에 대해 분야별로 알아보자.

첫째, 데이터 분석을 통한 소셜 미디어 구독자 파악을 보면 AI 기반의 소셜 미디어 분석 도구를 사용해 구독자의 관심사, 활동 패턴, 인구통계 등의 자료를 수집하고 분석한 내용을 통해 어떤 콘텐츠가 특정 시청자에게 더 효과적인지 판단할 수 있다.

Sprout Social과 Hootsuite 같은 AI 도구는 소셜 미디어 플랫폼에서 폴로어 반응, 좋아요, 댓글 등을 분석해 시청자들이 어떤 콘텐츠에 가장 많이 반응하는지 알려준다. 특정 이슈에 대한 콘텐츠가 어떤 그룹에서 높은 참여율을 기록한다면 창작자는 그 그룹에 맞는 주제를 더 자주 다루도록 전략을 수정하는 방식이다.

둘째, AI를 이용한 콘텐츠 창작 과정을 살펴보면, AI는 콘텐츠 제작의 반복적이고 시간 소모적인 작업을 자동화함으로써 창작자가 콘텐츠를 시각화하거나 구현할 수 있게 도와준다. AI가 생성하는 음악이나 AI와 협업해 만든 디지털 아트는 인간과 AI가 협력하여 창의성을 극대화할 수 있는 새로운 창작 방식을 보여준 사례라고 할 수 있다.

셋째, 콘텐츠 성과 예측 및 최적화 측면에서 AI 분석 도구는 과거 데이터를 기반으로 콘텐츠 성과를 예측하고, 콘텐츠 게시 시간, 형식, 길이 등을 최적화할 수 있다. AI는 특정 콘텐츠가 어떤 시간대에 가장 높은 참여율을 보일지를 알려주며, 이를 통해 퍼스널 브랜딩을 더욱 효과적으로 확장할 수 있다. TubeBuddy와 VidIQ는 유튜브 크리에이터들이 동영상 업로드 시간을 최적화하거나 제목과 태그를 추천받을 수 있게 도와준다. 이 도구들은 AI를 활용해 구독자들이 검색하는 콘텐츠 아이디어와 주제를 찾을 수 있게 도와준다. 또한, 동영상 조회수, 댓글, 공유 횟수를 분석해 향후 비슷한 콘텐츠의 성과를 예측하여 전략을 세우는 데 큰 도움이 된다.

넷째, AI 기반 맞춤형 마케팅 캠페인으로 개인 브랜딩을 지원하기 위해 소비자에게 맞춤형 마케팅 캠페인을 제공할 수 있다. 인공지능은 고객 세분화를 통해 각 그룹에 적합한 메시지와 콘텐츠를 자동으로 생성하고, 이메일, 광고, SNS 게시물 등의 마케팅 채널을 최적화한다. HubSpot과 Marketo 같은 마케팅 자동화 플랫폼은 개인화된 마케팅 캠페인을 설계할 수 있게 해준다. 폴로어들이 가장 활발히 활동하는 시간대에 맞춘 자동화된 이메일 마케팅을 통해 높은 반응과 참여율을 얻을 수 있다.

다섯째, 효율적인 콘텐츠 기획과 배포 부분은 AI를 통해 어떤 주제나 형식의 콘텐츠가 인기를 끌 것인지 예측하고, 이를 바탕으로 제작할 콘텐츠를 기획하며, 최적의 배포 시점을 자동으로 조정하는 방식이다. Canva AI와 같은 그래픽디자인 도구는 사용자 데이터를 바탕으로 템플릿과 디자인 요소를 추천해주며, 크리에이터가 손쉽게 고품질의 비주얼 콘텐츠를 제작할 수 있게 도와준다. 그 결과 시각적 일관성이 유지되고, 퍼스널 브랜딩이 강화되는 것이다.

글로벌 플랫폼 기업들은 시청자 확보를 위해 신규 독점 콘텐츠 제작에 많은 투자를 하고 있다. 현재 트렌드는 창작에 강점을 갖고 있는 1인 미디어가 성장하기 위한 좋은 기회이다. AI 기반 도구들은 데이터를 바탕으로 1인 미디어의 브랜딩 전략을 최적화하여 1인 미디어 창작자가 더 효과적으로 청중과 소통하고 성과를 극대화할 수 있도록 한다.

참고문헌

이경전(2024). 『AI 에이전트와 사회변화』. 커뮤니케이션북스.

이상원(2024). 『DX 3.0 시대의 미디어 플랫폼』. 한울아카데미.

에마 아리사(2024). 『그림으로 쉽게 배우는 AI 사용설명서』. 브랜드드루.

세달 닐리 · 폴 레오나르디(2024). 『AI 나를 위해 일하게 하라』. 윌북.

10

AI와 미디어의 공존

1인 미디어의 발전과 변화처럼 AI는 시간적 · 물리적 공간의 한계를 넘어서며 미디어 분야에서 그 범위를 확대하고 있다. '미디어 서민화'를 위해 AI와 1인 미디어가 공존하는 방법이 무엇인지 논의해 보고자 한다.

종교와 AI?

1인 미디어는 문화다

검색의 시대는 저물어 가고 있다. 이제는 '질문의 능력'이 중요한 시대가 온 것이다. '어떻게 질문하느냐'에 따라 AI의 답변 내용이 달라지기 때문이다. 이세돌 9단이 "인공지능 기술 발전은 인간에게 매우 긍정적이다. 특별히 두려워하거나 걱정할 필요는 없다"라고 말한 것처럼 AI에 적극적으로 다가가야 한다. 시대의 흐름이 디지털 전환, 모바일 전환에 이어 인공지능이 사회 전반을 변화시킨다는 것이다(박대민, 2023).

현재 우리의 미디어 생활은 콘텐츠는 동영상으로, 다운로드는 스트리밍으로, 하드웨어 저장은 클라우드로 이동했다. 그리고 AI 소설, AI 뮤지컬 제작이 화제를 넘어 보편화되고 있는 추세이다. 2024년 맥도날드에서 제작한 'The Gift of McDonald's' 광고는 12주 동안 27명의 아티스트들이 AI를 활용해 제작한 작품으로, 예술을 위한 기술의 좋은 사례로 회자되고 있다. AI를 사용하기 전에, 미디어 콘텐츠 창작자는 AI를 이용해 어떤 창작물을 추구해야 하는지 생각해 봐야 한다. 1인 미디어 분야에서도, 쉽고 편리하다고 해서, 대중적 인터페이스로 모방과 재현에 치우친 생성물을 만들고, AI 도구를 기준 없이 사용하거나 결과에 대한 책임을 지지 않는다면 부정적인 결과가 더 많을 것이다. 1인 미디어 창작자는 본인의 취향과 관심에 따라 독특하거나 신기한 콘텐츠를 제작할 수 있다. 그러나 더 이상 감(感)으로 제작하는 시대는 끝났다. 이제는 AI 도구를 이용해 소비자를 분석하고, 데이터를 기반으로 한 미디어 전략을 수립해서 제작하는 시대이다.

AI형 인간

초지능, 초연결 사회로 전환되는 4차 산업혁명 시대에 1인 미디어는 디지털과 인공지능의 발전으로 각광받는 직업으로 부상한 데이터 분석가, 데이터 과학자, 인공지능 전문가, 빅데이터 전문가 등에 의해 미디어 분야의 핵심으로 자리 잡을 것이다.

스마트 폰의 사용자가 늘면서 대량의 데이터가 축적되고, 인터넷과 웹 서비스가 증가하고, 컴퓨터의 성능이 향상되면서 인공지능 기술인 머신 러닝, 딥 러닝이 다양한 분야에서 활용되고 있다. 이러한 인공지능 기술 발전과 더불어 1인 미디어는 여러 장르에서 확대되고 있으며, 예측을 뛰어넘는 새로운 뉴미디어 콘텐츠로 사람들의 주목받고 있다.

기술의 발전이 일자리의 변화를 가져오듯 새로운 기

술과 서비스의 등장은 미디어를 분화시키고 있다. 브로드캐스팅(broadcasting)의 시대가 시청자가 원하는 내로우캐스팅(narrowcasting) 시대로 이동하듯이, 4차 산업혁명 시대에는 자기표현과 자기실현이 중심인 개인별 맞춤 서비스가 가능한 퍼스널 캐스팅(personal casting) 시대로 고착될 것이다(변용수, 2023).

AI형 인간은 질문을 하는 사람이다. 우리는 생성형 AI에게 질문하는 것이 당연한 시대에 살고 있다. 구글은 AGI(Artificial General Intelligence)를 "인간이 수행할 수 있는 모든 지적 태스크를 이해하거나 학습할 수 있는 능력을 소유한 가상 지능"으로 정의했다. 인간처럼 새로운 상황에 효과적으로 적응할 수 있고, 사실 · 관계 · 사회적 규범 등 다양한 지식에 대한 이해를 기반으로, 사유하고 결정하는 일도 가능하다(이승우, 2025). 이처럼 AI가 스스로 생각해서 예측한 답을 내놓는다고 해도 창작의 세계에서 기반이 되는 것은 질문의 중요성이며, 이것은 AI형 인간의 가장 중요한 요소 중의 하나이다.

AI 활용 능력이 디지털 시대의 힘의 원천이 되어가고 있다. 2024년 12월 OpenAI o1이 등장하면서 AGI 시대가 눈앞으로 다가오고 있다고 한다. 기존의 모델과 달리 논증(reasoning)에 특화된 'o1'은 사전 학습한 데이터와 알고리즘에 의존하지 않고도 사고 사슬(CoT · chain of thought)을 이용해 문제를 단계적으로 분석하고 해결하는 능력을 갖추었다.

인공지능 활용

현대사회는 여러 분야에서 인공지능을 활용하고 있다. 회사와 가정은 물론 학교에서까지 이제는 업무용, 교육용으로 다양하게 사용되고 있다. 활용 범위를 상세히 구분해 보면 추천 서비스, 인공지능 스피커, 자율주행 자동차, 의료, 헬스 분야 등으로 광범위하다.

의료 분야에서 정확한 영상 분석과 사례 검토 등에 인공지능 기술을 사용하면 진단의 정확도를 한층 높일 수 있다. 이는 의사의 개인적 선입견 없이 환자에 대한 검진, 진찰을 객관적 자료를 바탕으로 진행한다는 장점이 있다. 이러한 장점으로 인해 영상 인식 및 진단 보조, 진료 차트 분석, 웨어러블 기기를 이용한 건강관리, 의료 통계 결과의 효율적 관리에 이용되며, 더 나아가 수술, 병원 치료 시스템, 오진 감소까지 폭넓게 활용되고 있다.

추천 서비스 분야를 보면 소비자의 구매 패턴, 현대인들이 선호하는 장소, 좋아하는 음악 등 다양한 데이터를 기반으로 개인이 좋아하는 정보를 추천하는 기술은

SNS, 유튜브, 포털 사이트, 쇼핑몰 등에서 경험할 수 있으며, 이러한 추천 서비스는 통계 기반의 추론 기능을 활용한다.

챗봇은 컴퓨터 명령어처럼 일정한 패턴의 명령어가 아닌 사람의 말을 인식하고 의미를 구별한다. 현재 일상에서 가장 많이 접하고 있는 인공지능 스피커는 자연어 처리, 음성인식, 의미 기반의 정보 탐색 등에 음성합성 등이 사용되면서 더욱 발전하고 있다.

AI 에이전트는 AI 비서 개념에서 좀 더 확장된 개념 또는 챗봇의 업그레이드 버전으로 이해하면 쉽다. 개인 혹은 회사 등을 대신해 복잡하고 동적인 환경에서 특정 작업을 수행하는 자율적 인공지능 프로그램이다. 주어진 외부 환경과 상호작용하면서 이용자의 지시에 따라 자율적으로 업무를 수행한다(박영선 외, 2024). MS 창업자 빌 게이츠는 "작업할 때마다 다른 앱을 불러 사용할 필요 없이 이용자가 지시만 하면 적합한 프로그램이나 앱에 접속해 알아서 업무를 처리해 줄 AI 에이전트"라고 개념을 소개했다.

자율주행 자동차는 자동차의 각종 센서에서 속도 제어, 앞 차와의 안전거리 유지, 차선 준수 등 주행 관련 부분을 조절한다.

언급한 분야 외에 인공지능을 활용하는 산업 분야를 보면, 미국 캘리포니아 프리모트에 있는 테슬라 제조 공장에는 다양한 산업용 로봇 100여 대가 사람과 함께 전기차를 조립한다. 아마존 창고에는 키바(KIVA)로봇 수천 대가 화물을 이동시키며 움직이고 있다. 의료계에서는 다빈치 수술 기계가 사람보다 더 정교하게 수술을 진행한다. 화재 현장, 산사태 장소에서는 구조 로봇이 사람을 대신해서 위험한 일을 처리하며 활약하고 있다.

공존의 시대

인공지능의 한계와 문제점에 대한 논의는 오래전부터 진행되어 왔다. 젠슨 황(Jensen Huang: 엔비디아 CEO)은 인간과 같은 수준의 범용인공지능(AGI)이 5년 내에 등장할 것이라고 전망했다. 실제로 우리가 느끼고 체험하는 인공지능이 미비하였기에 인공지능의 긍정적인 면만 부각된 것도 사실이다. "현존하는 인류의 가장 큰 위협은 아마도 인공지능일 것"이라는 일론 머스크(Elon Musk)의 말이 더 크게 다가오는 이유는 인공지능의 부정적인 면을 극복하는 방안이 무엇인지에 대한 고민이 소홀했기 때문이다. 이제 AI와 공존하는 세상에서는 기술적 법적 문제 외에 개인의 감정적 문제, 윤리적 문제도

고민해야 한다. 이외에도 기술 통제 문제, 보안과 안전 문제, 인권 문제, 투명성 문제 등 해결해야 할 점이 많다.

2025년 세계경제포럼(WEF) 주제는 '지능의 시대를 위한 협업'이었다. 기술은 사회적 혁명으로, 인간을 고양시키거나 또는 파괴할 수도 있는 힘을 보유했다고 발표했다. 기술혁신의 기반으로 열거된 AI, 양자컴퓨팅, 바이오테크 중 생성형 AI에는 인프라 확보, 전문 인재 양성 등을 통해 잠재력을 극대화시켜야 한다고 피력했다 (Deloitte, 2024).

인공지능과의 공존은 경쟁의 문제가 아닌 관계의 문제다. 물론, 선택은 인간의 몫이다. 먼저 인공지능 전문가를 양성, 이들이 인공지능의 작동을 감시하고 분석하는 역할을 할 수 있도록 해야 한다. 또한, 개인정보와 보안 문제 등 당면한 문제를 먼저 연구하고 해결책을 찾을 수 있는 환경을 만드는 것이 필요하다.

마지막으로 인공지능의 발전이 사회에 미칠 파급효과와 미래를 준비하는 것이다. AGI 다음 단계는 초인공지능(ASI, Artificial Super Intelligence)이다. ASI는 새로운 에너지 시스템을 개발할 수 있으며, 새로운 의료 기술도 개발할 수 있다. 한마디로, 인간의 능력 범위를 넘어선 문제를 해결하는 능력을 갖춘 인공지능이라고 한다. 가

까운 미래에 이런 인공지능과 공존하기 위한 준비를 지금부터 시작해야 한다.

AI와 1인 미디어 전망

AI와 미디어 플랫폼은 급격한 변화를 맞이하고 있다. 이러한 변화는 1인 미디어의 역할에도 큰 영향을 미칠 것으로 보인다. AI 기술의 발전과 미디어 환경의 변화를 바탕으로 1인 미디어의 미래를 전망해 보고자 한다.

우선은 AI 기반 콘텐츠 제작의 확대가 여러 미디어 분야에서 진행될 것으로 보인다. 이 부분은 AI와 인간의 창작 협업을 강화시킬 것이다. 아이디어 보완, 영감 제공 등을 통해 1인 미디어 창작자는 예전과는 다른 혁신적인 콘텐츠를 제작할 가능성이 높아졌다.

AI 번역 기술의 발전은 국내에만 한정되었던 1인 미디어 창작자의 콘텐츠가 글로벌 시장으로 확대되는 데 큰 공헌을 하고 있다. 언어의 장벽을 뛰어넘어 세계를 무대로 경쟁할 수 있게 된 것이다.

대형 플랫폼들이 AI 기술을 적극 도입하여 미디어 시장을 주도하고 있는 지금, 1인 미디어 창작자들은 거대 플랫폼의 알고리즘에 적응하고, 각기 다른 플랫폼의 규칙에 맞는 콘텐츠를 제작해야 할 필요성이 커지고 있다.

나아가 창작자들은 플랫폼 의존도를 줄이고 독립적인 채널을 구축하거나 지속적으로 출현하는 새로운 플랫폼에서 또 다른 기회를 모색할 필요가 있다.

아울러 가상현실(VR)과 증강현실(AR) 기술이 미디어 플랫폼에 안착할 것으로 예상된다. AI 기반의 몰입형 콘텐츠는 시청자들에게 더 깊은 체험을 제공하며, 1인 미디어는 이러한 기술을 활용하여 독특한 경험을 창출할 것이다. VR/AR 기술은 1인 미디어 창작자가 물리적 제약 없이 가상공간에서 새로운 형태의 콘텐츠를 만들고, 시청자들과 실시간으로 상호작용할 수 있는 환경을 제공할 것이다.

또한, AI 기반 커뮤니케이션 및 상호작용의 강화는 1인 미디어에서 필수 요소가 되었다. AI는 시청자에게 실시간 상호작용과 피드백을 제공하는 데 중요한 역할을 한다. 이처럼 AI 챗봇이나 가상 인플루언서를 통해 실시간으로 시청자와의 즉각적이고 차별화된 상호작용을 할 수 있으며, 이를 통해 시청자와의 관계를 강화해서 외연 확대를 도모할 수 있다.

이용자 생산 콘텐츠는 생성형 인공지능의 먹이가 되었고, 인공지능이 생성한 콘텐츠는 빠른 속도로 우리가 만든 콘텐츠를 대체하고 있다(장병탁 외, 2024). 이처럼

AI 기술이 발전함에 따라 1인 미디어 창작자의 고유한 개성과 창의성이 더욱 중요한 자산으로 부각되고 있다. 창작자들이 독창적이고 창의적인 아이디어에 집중할 수 있다는 것은 이들이 단순한 콘텐츠 생산자가 아닌 독특한 주제나 생소한 분야에 도전하는 사람들이며, 1인 미디어 창작자의 전문화는 이들이 콘텐츠 기획자 및 콘텐츠 전략가로 변모할 수 있는 계기를 만들고 있다.

창의적 사고나 복잡한 구성과 전략 그리고 감정이입에 의한 빠른 대처가 필요한 1인 미디어 분야에서는 인공지능 기술을 바탕으로 서로의 영역을 융합하며 발전해 나갈 것으로 보인다. 결국 디지털 콘텐츠 제작의 필수가 되어 버린 AI는 우리가 그동안 접해보지 못한 새로운 1인 미디어의 세계로 우리를 이끌어 갈 것이다.

AI와 미디어의 미래를 예측해 보면, 기존 레거시 미디어 세력은 점차 약화되면서 글로벌 OTT 플랫폼과 콘텐츠 공동 제작을 시도하고 있지만 결국 글로벌 플랫폼 기업이 기존 방송사를 대체하리라 본다. 또한 디지털 혁신에 성공한 몇몇 방송사는 특정 장르에서 콘텐츠 생산 및 유통에 확고한 입지를 차지하여 분전하겠지만, 이미 콘텐츠 부분에서도 글로벌 제작사가 미디어 시장을 지배하고 있다(김광호 외, 2020).

AI를 효과적으로 이용하기 위한 기술 개발은 계속 발전하고 있다. 현재 AI 도구들은 모든 분야에서 미래를 혁신적으로 변화시킬 수 있는 능력을 가지고 있으며, 행동 가능한 지능으로 인간 행동을 이해하고 실행하는 방식에 획기적인 패러다임 전환을 가져올 것이다(임양섭, 2024). 스마트폰의 대중화가 일반인을 사진작가로 만들고, 누구나 쉽게 영상 제작을 할 수 있는 환경을 제공해서 1인 미디어 도약의 디딤돌이 되었다면, AI 도구의 다양성과 강력한 기능은 우리의 상상력을 현실 세계로 가져와 눈앞에 보여주는 영화처럼 흥미진진한 세상을 만들어 가고 있다.

AI의 발전은 디지털 미디어 분야에서 업(業)의 속성을 변화 발전시키고 있다, 이것은 우리의 삶에 영향을 미치며, 현대사회를 변화시키고 있다. 우리와 현실 세계는 끝없이 의미를 찾은 과정을 통해 유지된다. 이러한 의미작용 과정에서 AI는 어느 순간 눈에 보이지 않는 곳에서 우리의 주변에 항상 존재하며 우리와 공존하고 있을 것이다.

'AI 시대'라고 한다. 1인 미디어 창작자가 변화하고 적응하지 않는다면 지금의 '1인 미디어 시대'는 AI와 동떨어진 다른 길을 갈 것이다. 대중이 문화 수용자가 아닌 문화 소비자로 인식되고 소비된다는 점은 대중문화가 값싸게 소비되는, 저급하다는 인식을 의미한다고 했다(백선기, 2014). 인공지능 기술은 우리의 삶의 많은 측면을 변화시키고, 사회, 경제, 문화에 상당한 영향을 미칠 것이다. 이제 AI는 1인 미디어 창작자를 대중문화의 리더로 자리 잡게 해줄 '문화 도구'인 것이다.

미디어 생태계를 개혁하며 뉴미디어 세계로 이끈 1인 미디어 창작자들이여! 각자의 미디어 생태계를 만들고, 새로운 미디어 환경을 디자인하라! 그리고 AI 세상으로 들어가라! 머리로만 생각하지 말고 적극적으로 개입해서 AI 도구들을 자유롭게 다양하게 써 봐라! 그래야 알 수 있다. 그 경험을 기반으로 누구도 생각하지 못한 것을 창작하라! 새로운 비즈니스 모델과 다양한 콘텐츠 장르가 탄생하는 1인 미디어는 AI를 통해 가속화될 것이다. 이제 1인 미디어 창작자들은 AI와의 공존을 통해 영역을 넓혀가며 디지털 미디어 시대에 리더로 확고하게 자리 잡을 것이다.

참고문헌

Deloitte(2024). 세계경제포럼(WEF) 2025 지능의 시대를 위한 협업(Collaboration for the Intelligent Age). Deloitte Insights.

김광호 외(2020). 『AI 시대의 미디어』. 북스타.
박대민(2024). 『미디어 인공지능』. 율곡출판.
박영선 외(2024). 『AI 신들의 전쟁』. 베가북스.
백선기(2014). 『미디어 담론』. 커뮤니케이션북스.
변용수(2023). 『1인 미디어』. 커뮤니케이션북스.
이승우(2025.1.8). 임박한 인공일반지능(AGI). ≪한국경제≫, https://n.news.naver.com/article/015/0005079306?sid=110
임양섭(2024). 멀티모달 AI 경쟁과 다가오는 AGI, 정보통신기획평가원.
장병탁 외(2024). 『AI, 예술의 미래를 묻다』. 시공아트.

변용수

한국경제TV 부국장으로 광고 마케팅 업무를 담당하고 있다. 중앙대학교 신문방송대학원에서 "방송·통신 융합 시대 네트워크시스템의 효과와 발전 방안에 관한 연구"(2009)로 석사 학위, 인하대학교 대학원에서 "수용자의 주관적 인식과 경험을 통해 구분되는 1인 미디어의 장르적 속성"(2020)으로 인터랙티브콘텐츠 박사 학위를 받았다. 저서로 『1인 미디어』(2023)가 있다. 1995년 케이블TV 태동과 함께 방송인으로 첫설음을 시작해서 방송 기술, 방송 제작, 1인 미디어 기획·제작 그리고 광고 마케팅 업무까지 방송 전문가로 현장에서 뛰고 있다.